내게
능력 주시는 자 안에서
내가 모든 것을
할 수 있느니라

겨자씨 인생

겨자씨 인생

© **생명의말씀사** 2015

2015년 7월 30일 1판 1쇄 발행

펴낸이 | 김재권
펴낸곳 | 생명의말씀사

등록 | 1962. 1. 10. No.300-1962-1
주소 | 서울시 종로구 경희궁1길 5-9(110-062)
전화 | 02)738-6555(본사) · 02)3159-7979(영업)
팩스 | 02)739-3824(본사) · 080-022-8585(영업)

지은이 | 설동욱

기획편집 | 유선영, 서지연, 김현정
디자인 | 김혜진
인쇄 | 예원프린팅
제본 | 정문바인텍

ISBN 978-89-04-16520-9 (03230)

저작권자의 허락없이 이 책의 일부 또는 전체를
무단 복제, 전재, 발췌하면 저작권법에 의해 처벌을 받습니다.

겨자씨
인생

이 책을 엮으며

나는 철강 왕 앤드류 카네기가 좋아했다는 목선 그림을 좋아한다. 커다란 나룻배에 노 하나가 썰물에 밀려와 모래사장에 아무렇게나 버려져 있는 그림이다. 무척이나 쓸쓸한 그림이지만 카네기는 그것을 사무실 한쪽 벽에 걸어 두고 자신의 생활신조로 삼았다는 이야기가 있다. 그 이유는 그 그림 밑에 쓰인 글귀 때문이리라. "반드시 밀물이 오리라. 그날 난 바다로 나아가리라." 그는 자신이 춥고 배고팠던 시절 이 글귀를 가슴에 새기며 다시 일어서는 법을 배웠으리라.

나 또한 젊은 날 내 삶에 박혀 있는 옹이가 있었다. 그로 인한 절망감이나 상처가 너무 컸기에 성공에 대한 열망이 누구보다도 컸다. 나는 수많은 성공 백서를 읽으면서 성공적인 삶의 조건들을 알게 되었다. 성공적인 삶은 꼭 돈과 명예만 얻는다고 완성되지 않으며, 그 인생에는 역경과 고난이 있었다는 걸 발견했다. 결국 성공적인 삶의 모든 해답은 이미 성경에 기록되어 있었다.

이 책에 실린 것들은 모두 「국민일보」와 「크리스천투데이」에 발표한 것들이다. 개인적인 경험담도 있지만 역사상 수많은 사람에게 영감을 준 고전적인 예화를 담았는데, 감동적인 사례들을 실생활에 적용하기 위해 성경에서 원칙과 통찰을 발견했고 그 말씀을 묵상하면서 나를 단련시켰다.

이 책에 담긴 내용이 여러분의 생각과 신념에 녹아드는 순간, 여러분의 삶은 틀림없이 긍정적으로 변할 것이다. 겨자씨처럼 비록 작은 씨앗이지만 큰 나무로 자라 열매를 맺고, 그곳에 새들이 쉴 수 있는 은혜가 임한 것처럼 나는 이 작은 책 한 권이 갈증을 느끼는 현대인의 삶에 생수 같은 존재가 되었으면 좋겠다.

초롱꽃 환한 유월, 부흥회를 마치고
2015년 6월 설동욱 목사

목차 • contents

이 책을 엮으며

Ⅰ • 씨앗을 심다

감동을 주는 말 / 거룩한 기쁨을 누리자 / 걸림돌이 디딤돌로 / 견고한 신앙 / 고령화 시대 / 내 그릇대로 / 그리스도의 향기 / 기다림의 미학 / 나 자신을 특별하게 보라 / 나 하나쯤이야 / 나누는 자의 행복 / 나비효과 / 날마다 좋은 날 / 내 인생의 프로젝트 / 더 예쁘고 값진 보석 / 데칼코마니 인생 / 뒤바뀌는 세상 / 디지털 디톡스 운동 / 렌탈리즘 / 로봇 인생

Ⅱ • 나무로 자라다

마음 경영 / 명품 신앙 / 믿음으로 이루어 낸 기적 / 부활의 꽃 / 사랑의 기술 / 사랑의 언어 / 새롭게 변화된 사람 / 생각의 전환 / 성경적 삶의 방식 / 성공하는 HOME CEO / 성공하는 리더 / 세상을 비추는 빛 / 소통의 기술 / 시간아 천천히 / 신앙의 금메달 / 하나님의 신비 / 심령이 가난한 자 / 십자가로 이겨라 / 위대한 어머니 / 여백의 미

Ⅲ • 열매를 맺다

역경의 힘 / 꽃보다 열매 / 영적 실력 / 예수님을 품고 사는 새로운 날 / 위기 대처 능력 / 유혹을 이기는 사람 / 이름값 / 인간의 근본 / 인생 발전소의 핵심 원료 / 인생은 곱셈이다 / 인생을 준비하는 자 / 인생의 길 / 인생의 블랙홀 / 인생의 폭풍이 불어올 때 / 잃어버린 정체성 / 접속 / 정보 에이즈 / 존재의 가치 / 주님의 칭찬 / 주목 시대

Ⅳ • 새들이 와서 쉬다

지혜로운 사람 / 진실한 친구 / 진정한 교육 / 진정한 힐링 / 최선을 다해야 하는 이유 / 칭찬과 인정 / 크리스마스 추억 / 타는 목마름으로 / 통찰력 / 트렌드를 읽는 통찰력 / 편지 / 하나님께 감사를 / 하나님의 소원 / 하나님의 손에 붙잡힌 사람 / 하인리히 법칙 / 행복은 준비된 자의 것 / 향기 나는 삶 / 현려 리더십 / 황무지가 장미꽃같이 / 희망을 스캔하라

내게
능력 주시는 자 안에서
내가 모든 것을
할 수 있느니라

mustard seed

I.
씨앗을 심다

1 • mustard seed

감동을 주는 말

예수를 믿는다고 삶이 금방 바뀌지는 않는다. 가끔 언어를 통해 한 사람의 삶이 바뀌는 경우가 있는데, 언어가 상대방을 변화시키는 도구가 되기 때문이다.

앤 그루델이라는 미국의 심리학자가 있는데 그는 언청이로 태어나 늘 열등감에 시달렸다. 지금은 병원에서 수술이 가능하지만 앤이 자랄 때만 해도 언청이를 수술한다는 것은 힘든 일이었다. 그는 심한 우울증에 시달리면서 늘 부모를 원망했다. 그러다 보니 부모도 앤을 멀리하기 시작했고 친구들도 앤을 피하기 시작했다. 그는 세상 사람 모두가 자기를 싫어한다고 생각하게 되었다.

그러던 어느 날 학교에서 청각 테스트를 했다. 교실 한

가운데 칸막이를 설치한 후 저편에서 담임선생님이 말하는 것을 정확하게 듣고 그대로 따라 말하는 것이었다.

앤의 순서가 되자 선생님이 앤에게 이렇게 말했다. "앤, 나는 정말 네가 내 딸이었으면 좋겠어." 그 말에 앤은 크게 감동을 해서 그 말을 그대로 반복하는 대신 "정말이세요?"라고 반문했다. 그러자 선생님이 앤의 말을 알아차리고 "그럼 그렇고말고. 나는 정말 네가 내 딸이었으면 좋겠어" 하고 답했다. 이 말은 앤 인생의 터닝 포인트가 되었다.

감동을 주는 말 한마디는 한 사람의 인생을 바꿀 수 있다. 예수님은 지금도 우리에게 말씀하신다. "나는 정말 네가 내 자녀였으면 좋겠어." 그 말이 우리 삶에 감동이 되었으면 한다. 그래서 삶의 다이노르핀(didorphin, 감동할 때 생기는 호르몬으로 엔도르핀의 4,000배 효과가 있음)이 용솟음치기를 기대해 본다.

2 • mustard seed

거룩한 기쁨을 누리자

사람들은 모두 행복하기를 원한다. 일반적으로 오복을 갖추고 잘 사는 것이 행복이라고 말하지만, 그것이 행복의 조건은 아니다. 자기만족이 있어야 한다. 그런 의미에서 볼 때 행복은 환경이 아닌 자신의 선택임을 알 수 있다. 아무리 돈이 많고 모든 것을 가졌다 해도 본인에게 기쁨과 만족이 없을 때 인간은 실의와 상실감에 빠져 두려움을 느끼게 된다.

성경적으로 볼 때 인간이 기쁨과 만족을 느끼지 못하는 근복적인 원인은 하나님의 형상을 잃어버렸기 때문이다. 사람은 다른 만물과는 달리 하나님의 형상을 따라 지음받았기 때문에 영이 죽어 있으면 살아 있으나 죽은 목숨인 것이다. 인간은 죄로 말미암아 에덴에서 쫓겨나 하나님과의 교제가 끊겨 버린 존재가 되었다. 그렇기 때문에 삶의 참 기쁨과 만족을 누리지 못하게 된 것이다.

그러므로 참 기쁨과 만족을 위해서 하나님의 형상을 회복하는 것이 가장 중요하다. 영적 회복이 이루어져서 하나님과 다시 소통할 수 있을 때 참 기쁨과 만족을 얻을 수 있다. 우리 인간은 절대로 스스로 거룩할 수 없다. 거룩한 하나님과 접붙임을 당해야 거룩할 수 있다. 하늘나라는 거룩한 사람만이 들어갈 수 있는 곳이다.

"내가 거룩하니 너희도 거룩할지어다"(벧전 1:16)라는 예수님의 말씀에 귀 기울이며 거룩한 기쁨을 누리기 위해 예수님을 닮아 가는 삶을 살아야겠다.

3 • mustard seed

걸림돌이 디딤돌로

발명가로 유명한 토머스 에디슨이 청각 장애인이었다는 사실을 아는 사람은 지극히 드물다. 그가 최고의 발명가가 될 수 있었던 것은 청각 장애를 바라보지 않고 자신이 할 수 있는 가능성을 바라보았기 때문이다. 그는 생각했다. '나는 청각장애인이기 때문에 사람들의 부정적인 이야기를 듣지 않고 내 속에서 들려오는 믿음의 소리를 들을 수 있어서 좋다.' 걸림돌을 디딤돌로 바라보는 신앙, 이것은 우리 신앙인들이 배워야 할 자세임이 분명하다.

세상에서 가장 빠른 사람으로 불리는 우사인 볼트도 육상 선수로서의 가장 큰 걸림돌인 척추측만증이라는 병이 있었다. 달리면 어깨와 골반이 흔들려 근육에 염증이 생기는 병이었다. 그는 고교 시절 넓적다리 통증으로 육상을 중도 포기한 적도 있었다. 그러나 글렌 밀스 코치를 만나 새로운 목표를 세우고 독일로 가서 부상을 방지하는 재활 치료를 받았다. 그 결과 어깨와 골반이 더 크게 움직이는, 어느 누구도 따라 할 수 없는 골반이 틀어지는 자신만의 스타트 법을 개발해 금메달의 주인공이 된 것이다.

이렇듯 걸림돌이 디딤돌로 바뀌는 기적은 우리들의 생각 속에서 잉태한다는 것을 알아야 한다. 성경은 말한다. "내게 능력 주시는 자 안에서 내가 모든 것을 할 수 있느니라"(빌 4:13).

4 • mustard seed

견고한 신앙

　　　　　우리가 세상을 살다 보면 하나님께서 우리를 광야로 내모실 때가 있다. 그 이유는 하나님께서 우리 인간의 속성을 너무 잘 알고 계시기 때문이다.

　성경을 보면, 이스라엘 백성이 출애굽 할 때 일주일이면 갈 수 있는 해변 길이 있었음에도 하나님께서 그들을 광야 길로 이끄시는 장면을 보게 된다. 하나님이 그들을 그 길로 이끄신 이유는 해변 길로 가면 블레셋을 만나게 되는데, 그곳에서 전쟁이 나면 이스라엘 백성이 바로 다시 애굽으로 돌아갈 것을 아셨기 때문이다. 이스라엘 백성은 430년 동안 애굽의 노예 생활을 했기에 그들은 뼛속까지 노예근성이 있었다. 하나님께서는 이스라엘 백성이 노예

근성을 버리길 바라셨다. 그래서 그들을 광야 길로 인도하신 것이다.

광야라는 히브리어 단어 '미드바르'는 말씀을 뜻하는 '다바르'에서 파생한 말이다. 하나님은 인간이 하나님을 떠나서는 살 수 없기에 하나님의 말씀이 가장 잘 들리는 광야로 그들을 이끄셨다.

우리가 신앙생활을 하다 보면 때로는 하나님의 인도하심이 비효율적으로 보일 때가 있다. 하지만 사실 그 안에는 하나님의 깊은 뜻이 있다. 우리는 광야에서 하나님의 보호 없이는 한순간도 살 수 없음을 깨닫게 된다. 오늘도 우리는 마치 불 기둥과 구름 기둥이 광야 길을 인도한 것처럼 성령님께서 우리의 삶의 길을 열어 가기를 소망해야 한다.

5 • mustard seed

고령화 시대

고려장 풍습이 있던 고구려 때 박정승은 노모를 지게에 지고 산으로 올라갔다. 그가 눈물로 절을 올리자 노모는 "네가 내려갈 길을 잃을까 봐 나뭇가지를 꺾어 표시해 두었다"고 말했다. 박정승은 이런 상황에서도 자신을 생각하는 노모를 차마 버리지 못했다. 그래서 몰래 국법을 어기고 노모를 모셔 와 봉양했다.

그 무렵 당나라 사신이 똑같이 생긴 말 두 마리를 끌고 와 어느 쪽이 어미이고 어느 쪽이 새끼인지를 알아내라는 문제를 내면서, 만약 못 맞히면 조공을 올려 받겠다고 했다. 이 문제로 고민하는 박정승에게 노모가 해결책을 말해 주었다. "말을 여러 날 굶긴 다음에 여물을 주렴. 먼저 먹는 말이 새끼란다." 노모의 지혜가 나라를 위기에서 구하고 왕에게 감동을 주어 고려장이 사라지게 되었다는 일화다.

　우리가 세상을 살아가면서 삶의 경륜이 얼마나 소중한지를 보여 주는 이야기다. 물론 노인이 되면 기억력도 떨어지고 자신의 경험에 집착해 남의 이야기를 잘 듣지 않는 경향도 있다. 그러나 나이는 기억력을 빼앗은 자리에 통찰력을 놓고 간다는 것을 기억하자. 오늘날 핵가족 시대의 영향으로 노인을 거리로 내몰고 있다. 젊은이들이 노인을 노약자석만 차지하는 귀찮은 존재로 생각하는 슬픈 현실 속에서, 훗날 자신들의 모습임을 한 번쯤 생각하며 노인을 공경하는 아름다운 사회가 되었으면 한다.

6 • mustard seed

내 그릇대로

어떤 노인이 소일거리를 겸해 벌을 쳐서 꿀을 땄다. 꿀이 아주 좋아서 동네에 있는 모든 사람에게 빈 그릇을 가지고 와서 꿀을 가지고 가라고 광고했다. 그랬더니 어떤 사람은 조그마한 병을 가지고 와서 꿀을 받아 가고 또 어떤 사람은 바가지를 가지고 와서 받아 가고 어떤 사람은 커다란 기름통을 가지고 와서 받아 갔다. 그런데 얼마 후에 불평의 소리가 들려왔다. 한 마디로 공평하게 나누어 주지 않았다는 것이었다. 그러자 노인은 말했다. "나는 가져온 그릇대로 가득 채워 주었을 뿐인데……."

우리가 인생을 살면서 가장 중요한 것이 '나의 그릇'이다. 내가 어떤 그릇이 되느냐에 따라 담기는 축복의 내용이 다르기 때문이다.

　우리가 그릇을 이야기할 때 큰 그릇과 작은 그릇, 그리고 깨끗한 그릇과 더러운 그릇으로 구분 짓는다. 큰 그릇은 마음의 여유가 있어 어떤 어려움이 와도 태연하게 잘 대처하는 사람이요, 작은 그릇은 조그마한 일에도 잘 흥분하여 일을 그르치는 사람이다. 결국, 큰 그릇은 범사가 형통케 되지만, 작은 그릇은 빈 하게 된다. 더러운 그릇도 마찬가지다. 깨끗한 그릇은 악한 일에 이익이 있어도 손을 잡지 않지만, 더러운 그릇은 그릇됨을 알면서도 손을 잡다가 결국 버림당하게 된다. 또 어떤 사람은 자기 그릇에 독이 담긴 줄도 모르고 꿀이 쓰다고 불평한다. 우리는 불평을 하며 남을 탓하기 전에 내 그릇부터 점검해야 한다.

7 • mustard seed

그리스도의 향기

사람은 향기를 좋아한다. 그래서 사랑하는 사람을 만날 때 좋은 향수를 뿌려서 상대방의 기분을 좋게 만든다. 마찬가지로 하나님도 향기를 좋아하신다. 목회를 하면서 향기가 나는 성도를 볼 때가 있다. 바로 예수님의 생명과 진리가 그 인격 속에 녹아 있을 때 향기가 난다.

죽어 가는 사람을 살리게 하는 영약으로 사향이 있다. 사향은 사향노루 수컷의 향낭에서 나오는 분비물이다. 사향노루라고 일반 노루와 다를 바 없지만, 어떤 까닭인지 심한 상처를 입은 노루의 몸에서 사향이 생겨난다고 한다. 특히 수컷 사향노루는 험한 바위와 절벽도 두려워하지 않고 다니기에 주로 수컷에게서 사향이 발견되는 것이다.

고린도후서 2장 15절에 보면 예수님이 우리를 '그리스도의 향기'라고 표현하셨다. 향기는 생명 있는 것들의 내면적 자기표현이기 때문에 우리는 향기를 지녀야 한다. 가짜는 향기가 없다. 아무리 아름답고 유혹적이라도 향기가 없으면 벌이 오지 않는 법이다. 자신이 깨지고 부서질 때 더 짙은 향기가 난다. 영혼 구원을 위해 희생하는 마음, 이 마음이 바로 그리스도의 향기인 것이다.

8 • mustard seed

기다림의 미학

우리가 살다 보면 여러 문제를 만나게 된다. 그런데 각 문제를 바라보는 시각에 따라 문제의 해답을 얻게 된다. 마더 테레사는 문제가 생길 때마다 문제를 문제로 보지 않고 선물로 생각했다.

문제에는 반드시 답이 있기 때문에 문제를 만날 때 긍정적으로 생각하는 것이 중요하다. 또한 기다리는 것이 중요하다. 기다리지 못하면 자꾸만 확인하려고 든다. 침묵하는 가운데 답이 오기를 기다려야 하는 것이다. 존 드라이든도 "고통받을 때는 침묵이 최고다"라고 말했다.

성경에도 보면 다윗의 기다림이 끝난 후 구원의 기쁨을 누리는 장면이 시편 40편 1-2절에 기록되어 있다. 그는

"내가 여호와를 기다리고 기다렸더니 귀를 기울이사 나의 부르짖음을 들으셨도다 나를 기가 막힐 웅덩이와 수렁에서 끌어올리시고 내 발을 반석 위에 두사 내 걸음을 견고하게 하셨도다"라고 고백했다.

   기다리면 틀림없이 좋은 일이 올 것이다. 그래서 고대 로마 철학자 키케로도 "나는 숨 쉬는 한 희망할 것이다"라고 말함으로 희망의 다른 이름이 바로 기다림임을 암시했다. 대부분의 사람이 기다림을 고통과 불안으로 생각한다. 그러나 우리 기독교인들에게 있어서 기다림은 고통과 불안이 아닌 분명 희망이다.

9 • mustard seed

나 자신을 특별하게 보라

대화를 하다 보면 어떤 사람들은 자기 자신을 굴러다니는 쓰레기통 정도로 폄하한다. 자신을 무가치한 사람으로 단정 짓고 버림받았다고 생각한다. 그리고 그들은 술과 담배로 될 대로 되라는 식으로 산다. 게다가 담배도 함부로 피울 수 없는 세상을 향해 돌을 던지기도 한다.

로젠탈 효과라는 것이 있다. 하버드대 사회심리학 교수인 로젠탈과 20년간 초등학교 교장을 지낸 레노이 제이콥슨이 미국 샌프란시스코의 한 초등학교의 전교생을 대상으로 지능검사를 한 후, 무작위로 한 반에서 20% 정도의 학생을 뽑았다. 그리고 그 명단을 교사에게 주면서 지적 능력이나 학업 성취 향상 가능성이 큰 학생들이라고 믿게 했다. 그리고 8개월이 지난 후에 이 학생들 대부분이 상위권을 차지했다는 결과가 나왔다. 즉, 누군가가 긍정적으로 평가하고 기대를 저버리지 않으면 반드시 결과는 그 기대에 부응하게 된다는 것이다.

우리의 뇌는 미리 판단해 놓고 보는 경향이 있기 때문에 내가 나를 어떻게 보느냐가 중요하다. 히브리서 11장 1-2절에 "믿음은 바라는 것들의 실상이요 보이지 않는 것들의 증거니 선진들이 이로써 증거를 얻었느니라"고 기록되었다. 얼 나이팅게일 또한 말했다. "우리는 된다. 우리가 생각한 대로." 나 자신을 특별하게 보는 눈을 갖기를 바란다.

나 하나쯤이야

마이클 코스타라는 유명한 지휘자가 오케스트라 연습을 시키던 중 갑자기 악기 하나가 조용해진 것을 알아차렸다. 피콜로를 연주하는 사람이 가만히 있었던 모양이다. 그는 장엄한 오르간 소리와 북 소리, 그리고 다른 악기 소리가 커서 '나 하나쯤이야' 생각하고 잠시 멈추고 있었다. 그런데 갑자기 마이클 코스타가 "피콜로 소리는 어디 갔느냐?"고 소리를 지르면서 이어서 하는 말이 "피콜로 소리 때문에 오케스트라가 산단 말이오!"라고 하는 것이 아닌가. 이 말에 피콜로 연주자는 정신이 번쩍 들었다. '나 하나쯤이야'라는 생각이 전체를 망치고 있다는 사실을 깨닫게 된 것이다.

인터넷을 뜨겁게 했던 사건 하나가 있다. 누군가 버린 캔 음료를 연결하는 8자 모양의 비닐 고리에 거북이가 낀 채로 자라서 8자 모양의 기형이 되었다. 쓰레기를 제거해 줬지만, 폐를 포함한 모든 장기가 기형이 되어 회복이 불가능하게 되었다. '나 하나쯤이야.' 무심코 버린 작은 쓰레기가 빚어낸 비극이다. 사람의 이기주의가 환경과 동물을 병들게 하고 있다. 언젠가는 그것이 독화살이 되어 우리에게 부메랑으로 돌아올지도 모른다.

'나 하나쯤이야'라고 무심코 하는 생각이 전체를 망치게 하고 병들게 한다는 사실을 깨달았으면 하는 바람이다.

나누는 자의 행복

텔레비전을 보다가 프로그램 「힐링 캠프, 기쁘지 아니한가」에 기부 천사라 불리는 션과 정혜영 부부가 나와서 나눔에 대해 이야기하는 것을 본 적이 있다. 10년 동안 35억을 기부했는데 기부 금액보다 그들의 정신이 정말 맑고 아름다웠다. '우리의 행복을 나누면 어떨까?'란 생각으로 하루에 만 원씩 시작한 나눔이 10년 후 엄청나게 많이 쌓여 있었다는 이야기다. 나눔은 지금부터 시작해야 한다는 말이 가슴에 와 닿았다. 돈 벌어서 해야지 하면 점점 더 욕심이 생겨서 결국 못하게 된다는 말이었다. 나누는 자의 행복이 두 사람 얼굴에 그려져 있었다.

초기 한국 교회 선교사 중에서 헤론이라는 의사가 있었

다. 그는 언더우드보다 두 달 늦은 1885년에 내한해 알렌의 제중원에서 일을 했다. 알렌이 선교사직을 그만둔 후 헤론은 제중원장으로 일하면서 밤낮없이 한국 사람들을 치료했다. 그가 한국에 온 지 5년이 되던 해에 각종 전염병이 휘몰아쳤다. 모든 선교사가 남한산성 휴양지로 피신했을 때도 그는 폭염 속에서 환자들을 돌봤다. 그는 결국 젊은 아내와 두 딸을 남겨둔 채 이질과 과로로 세상을 떠났다.

예수님을 모르는 조선 사람들을 위해 자신의 재능을 나눈 거룩한 희생이 있었기에 오늘날 한국 기독교가 뿌리를 내릴 수 있게 된 것이다. 빌립보서 2장 4절에 보면 "각각 자기 일을 돌볼뿐더러 또한 각각 다른 사람들의 일을 돌보아 나의 기쁨을 충만하게 하라"고 성경은 말한다. 나눔은 거룩한 희생이요, 사랑의 얼굴이다.

나비효과

　　　　　텔레비전에서 「나비효과」라는 3부작 프로그램을 본 적이 있다. 한 가지 주제를 놓고 미래를 예측하는 방식으로 꾸며진 예능과 교양을 접목시킨 프로그램이었다.

　나비효과란, 예를 들어 북경에 있는 나비의 날갯짓이 뉴욕에서 허리케인을 일으킬 수 있는 현상을 말한다. 나비효과를 생각해 낸 미국의 기상학자 에드워드 로렌츠는 타계했지만, 그의 이론은 인터넷을 통해 정보의 흐름이 빨라지면서 세상의 질서를 완전히 바꾸어 놓았다. 그야말로 인터넷의 위력을 보여 준 것이다. 인터넷을 지배하는 자가 세상을 지배하는 자가 된다는 말에 공감이 갈 정도였다.

얼마 전 고등학생이 인터넷 몰을 통해 억대 부자가 된 것을 보면서 인터넷의 파급효과를 실감할 수 있다. 젊은이들이 대부분 인터넷을 통해 소통하기 때문이다. 그동안 권력에서 소외되었던 젊은이들은 인터넷이라는 매체를 통해 힘을 발휘하고 있는 것이다.

텔레비전을 통해 이어령 교수의 서재를 본 적이 있다. 컴퓨터 6대가 동시에 켜져 있는 것을 보면서 놀라움을 금할 수 없었다. 이어령 교수가 인터넷을 통해 세계 유명 대학의 도서관에 들어가서 정보를 얻고 편집하며 발췌해서 연구하는 모습을 보면서 도전을 받았다. 80세의 우리나라 최고 지성인은 인터넷을 그렇게 활용하고 있었다. 인터넷의 놀라운 효과처럼 내 몸짓 하나가 그만큼 파급효과가 크다는 것을 현대인은 알아야 한다.

13 • mustard seed

날마다 좋은 날

하나님은 이 세상을 말씀으로 창조하셨다. 하나님이 빛이 있으라 하매 빛이 있었고 천하의 물이 한 곳으로 모이고 뭍이 드러나라 하시니 그대로 되었다. 마찬가지로 하나님의 형상을 입은 우리에게도 입술의 권세가 있음을 기억해야 한다.

어떤 사람은 늘 부정적으로 말해서 자기 인생을 부정적으로 이끌고 어떤 사람은 늘 긍정적으로 말해서 자기 인생을 희망으로 이끈다. 결국 자신의 인생은 자기가 뿌린 생각과 말의 열매인 것이다. 그러므로 신앙인은 무엇보다도 말을 복되게 해야 한다. 십자가에서의 오른쪽 강도처럼 말을 잘 하면 죽음의 자리에서도 생명을 얻게 되는 것이다.

골로새서 4장 6절 말씀에 보면 "너희 말을 항상 은혜 가운데서 소금으로 맛을 냄과 같이 하라"고 말씀하셨다. 오늘날 많은 사람이 말로 상처를 주고받는다. 그렇기 때문에 말하는데도 기술이 필요하다. 항상 은혜 가운데서 말해야 한다. 다시 말하면 상처 주는 말 대신에 치유되는 말을 해야 한다. 말 속에는 그 사람의 인격이 숨어 있기 때문에 맛을 내야 하는 것이다. 배추에 소금을 뿌리면 배추가 부드럽게 절여져서 맛있는 김치가 만들어지는 것처럼 상대방의 마음을 부드럽게 하는 화평의 말을 하는 사람은 하나님께서 그를 복되게 하셔서 날마다 좋은 날을 주실 것이다.

내 인생의 프로젝트

요즈음 신도시라는 말을 많이 듣는다. 신도시라는 뜻을 새로 생긴 도시라고 생각하기 쉽지만, 정확한 의미는 계획적으로 만들어진 도시를 뜻한다. 신도시에 대한 구상은 1898년 영국에서 처음 발표되어 1946년 이후에 구체화 되었지만, 우리나라는 그보다 150년이나 앞서 건축된 수원 화성이 계획된 신도시다. 수원 화성은 유네스코에서 세계문화유산으로 지정했을 정도로 우리 민족의 우수성을 나타내는 대표적인 건물이다.

그런데 이 건물은 그냥 지어진 것이 아니라 최대의 건설 프로젝트를 통해 지어졌다. 자연을 존중하고 백성을 우선으로 생각하는 큰 계획 속에서, 동서양의 기술서를 참고한

『성화주략』을 지침 삼아 잘 설계되어 완공되었다.

    우리 인생도 마찬가지다. 그냥 흘러가는 대로 되는대로 살아서는 안 된다. 성경 말씀을 중심으로 마음의 소원 곧 목표를 정하고 그 목표를 달성하기 위해 계획해야 한다. 그리고 10년과 20년 후 자신의 모습을 그려 보며 그 계획이 현실로 이루어질 것을 믿고 기도하며 행동해야 한다. 왜냐하면, 하나님은 자기의 기쁘신 뜻을 위하여 우리 마음에 소원을 두고 행하게 하시는 분이기 때문이다(빌 2:13).

15 • mustard seed

더 예쁘고 값진 보석

진주가 아름다운 것은 고난을 지혜롭게 받아들이는 능력에서 비롯된다. 세상에는 많은 조개가 있지만, 모두가 진주를 만드는 것은 아니다. 진주조개는 자기도 모르게 박힌 이물질을 자기 힘으로 뺄 수 없어서 자신의 분비액으로 감싸고 또 감싼다. 그래서 이물질이 조개와 동화되어 점점 커지게 한다. 고난을 받아들이는 과정을 겪는 것이다. 세월이 흘러 결국 조개는 죽고 조개껍데기와 진주만 남게 된다. 그 과정이 긴 조개일수록 분비액을 쏟고 감싸는 시간이 길어서 더 예쁘고 값진 보석으로 거듭나게 된다. 우리 인생도 이와 같다.

얼마 전 강남에 사는 한 가장이 가족을 모두 죽이고 자신도 죽으려다 실패한 사건이 알려지면서 국민은 상대적 충격에 빠졌다. 그 남자는 강남에 10억이 넘는 아파트에 살면서도 생활고를 견디지 못해 죽음을 선택했기 때문이다. 그는 작은 비바람에도 쓰러져 버린 뿌리 없는 나무처럼 어려움을 이겨 낼 힘이 없어서 죽음을 선택해 버린 것이다. 살면서 항상 좋은 일만 있는 것도 축복이 아니라는 사실을 이 사건을 통해 알 수 있다.

고난이 예고 없이 내 살에 박힐 때, 우리는 진주를 생각해야 한다. 고난은 피할 것이 아니라 함께 가면서 기도의 분비액으로 감싸고 감싸야 한다. 그래야 고난이 축복으로 변하게 된다. 그뿐만 아니라 내 신앙도 진주처럼 가장 값진 보석으로 빛나게 되는 것이다.

데칼코마니 인생

어느 시인이 말하기를 우리 인생은 데칼코마니와 같다고 한다. 데칼코마니는 종이 위에 물감을 칠하고 반으로 접거나 다른 종이를 덮어 찍어서 대칭적인 무늬를 만드는 회화 기법이다. 요즘 세상은 과거와는 달리 똑같은 시간에 똑같은 것을 보는 시대가 되었다. 우리나라에서 일어나고 있는 것을 미국에서 똑같은 시간에 더 자세히 알고 있는 것이 오늘날의 실정이다.

다시 말하면 우리는 속도의 시대에 살고 있다. 그럼에도 자신이 변하지 않고 과거의 국수주의나 패권주의에 갇혀 있다면 하루속히 삶의 변화의 방향을 찾아야 한다. 중요한 것은 과거에 훈련된 고정관념을 버리고 세상을 살면서 대접받으려는 생각을 버려야 한다. 지금은 대접받는 시대가 아니라 내가 먼저 섬김과 나눔을 실천하는 시대다. 권위는 내가 세우는 것이 아니라 남이 세워 주는 것이다. 그러므로 상대에게 내가 어떤 평가를 받느냐에 따라 자신의 존재감이 세상에 알려지게 된다.

나보다 남을 낫게 여기며 나눔을 몸소 실천하는 사람이 자신도 행복하고 성공하는 삶을 살게 된다. 나만 잘 살면 된다는 생각으로는 미래지향적인 삶을 살 수 없다.

예수님처럼 가장 높은 자이나 가장 낮은 자를 섬기는 모습, 이 모습이 현대 리더의 모습이다. 이 모습에서 변화와 감동이 일어나며 하늘나라를 발견하게 되는 것이다.

17 • mustard seed

뒤바뀌는 세상

경제 칼럼니스트 박필규 씨는 '경제 개념 바꾸기' 칼럼에서 탈바꿈 경제에 대해 이야기하면서 시대의 새로운 요구에 대해서 말했다.

그의 말에 따르면 세상이 빠른 속도로 변하면서 탈바꿈을 요구하고 있다고 한다. 다수가 옳다고 믿었던 자리가 원인과 결과가 일치하지 못해서 변종 바이러스에 흔들리고, 갑과 을의 고정관념 또한 사라져 앞으로는 새로운 개념의 갑과 을이 형성될 것이라는 것이다. 과거의 갑은 권력과 부, 그리고 지식이었지만 앞으로는 따뜻한 감성으로 상대를 포용하는 인간적인 힘, 곧 감성을 가진 사람이 갑의 위치에 서게 된다는 이론이다. 다시 말하면 이제는 영원한 갑이 없고 영원한 을이 없는 유동적인 세상이 온다는 것이다. 또한 그는 미래의 새로운 세상에서 갑이 되고자 하는 사람은 권력이나 부, 그리고 지식 대신에 꽃, 거울, 그리고 저울을 가져야 한다고 말한다. 꽃은 향기로운 감성으로 주도권을 초월하여 호감과 영향력 있는 사람을 말하고, 거울은 투명성을 말한다. 앞으로는 정의롭지 못하거나 도덕성에 문제가 있는 사람은 갑이 되기 어렵다. 뿐만 아니라 저울처럼 참과 거짓을 구분하는 혜안을 가진 자가 갑이 된다는 것이다.

오늘날 사회적으로 얼룩진 여러 가지 사건을 보면서 복음의 능력을 상실한 채 을이 되고 있는 교회의 모습이 안타깝다. 하루속히 복음의 능력을 회복한 꽃, 거울, 그리고 저울을 회복하는 갑이 되는 날을 기대해 본다.

디지털 디톡스 운동

　급격한 과학기술의 발전으로 IT산업이 크게 성장하면서 디지털 기기들이 생활필수품이 되고 있다. 지하철을 타 보면 거의 모든 사람이 스마트폰을 하느라 고개를 숙이고 있다. 그러다 보니 밀폐된 공간에서의 전자파가 뇌에 악영향을 끼치고 젊은 사람들이 어깨와 목 관절 손상으로 고통을 호소하고 있다. 손에 스마트폰이 없으면 불안감에서 어쩔 줄 몰라 하는 젊은이 또한 늘어나고 있다. 스마트폰이 없으면 일상생활에 지장을 받을 정도로 스마트폰이 현대인들의 삶을 붙들고 있는 게 사실이다.

그러다 보니 건강을 위해 비만해진 몸을 다이어트 하듯, 삶에 독소를 빼야 한다는 목소리가 높아지면서 '디지털 디톡스 운동'이 생겨나고 있다. 디톡스(detox)란 해독, 즉 인체 내의 독소를 뺀다는 의미다. 전자기기의 부작용으로부터 건강을 지키는 것이 디지털 디톡스의 목적이다.

사람과 사람이 소통하면서 더불어 살아야 하는 세상인데 사람과 기계가 소통하고 있다. 그리고 자신의 삶을 기계에 가두어 놓고 살아가고 있다. 오늘 하루라도 스마트폰에서 자유로워질 수는 없을까? 나를 지으신 하나님과 자연을 바라보며 삶의 여유로움을 찾을 수 있었으면 좋겠다.

렌탈리즘

　　요즈음 젊은 세대는 렌탈리즘에 길들여지고 있다. 렌탈리즘이란 빌려 쓴다는 의미다. 굳이 내가 소유하지 않아도 즐기면 된다는 생각이 세상을 바꾸어 나가고 있는 것이다. 과거에는 정수기 정도를 렌트했다. 그러나 요새는 어린아이 장난감도 렌트하고, 중요한 행사나 외출이 있을 때는 옷과 가방도 렌트하는가 하면, 승용차까지도 렌트해서 사용한다. 집도 굳이 소유할 생각을 하지 않는다. 시장도 직접 가서 물건을 사는 것이 아니라 집이나 사무실에서 인터넷으로 주문해서 생활한다. 이런 편리주의 사고가 우리나라 시장의 패러다임을 바꾸고 있다. 아날로그 세대와 디지털 세대 간의 사고의 벽이 두께를 더해

가고 있는 실정이다.

어떻게 보면 이것이 성경적인지도 모른다. 이 세상에서의 삶은 나그네의 삶이기 때문이다. 우리는 언젠가 본향으로 돌아가야 하기에 이 세상에서 우리에게 주어진 모든 것을 잠시 관리할 뿐, 영원한 우리 것이 아니다. 하나님께서 말씀하셨다. "은도 내 것이요 금도 내 것이니라 만군의 여호와의 말이니라"(학 2:8).

우리는 우리가 소유한 모든 것의 주인이 하나님이심을 가슴에 새겨야 한다. 하나님을 우리 삶의 주인으로 모시고 그분의 말씀에 순종하는 지혜로운 자들이 되기를 바란다.

로봇 인생

    요즈음 지하철을 타면 사람들이 하나같이 스마트폰을 가지고 놀고 있다. 어떤 사람은 스마트폰으로 야구 중계를 보고, 어떤 사람은 게임을 하고, 어떤 사람은 검색을 하기도 한다. 혼자 너무나 잘 놀고 있는 풍경이다.

 일본의 한 시인은 "휴대전화를 가진 이후로 자신은 극도의 외로움에 빠졌다"고 시로 고백했다. 아날로그 시대에 사람과의 만남을 통해 정을 쌓아 오던 것을 요즈음은 컴퓨터나 전자 기계가 대신하고 있다. 병원에 가면 수술조차도 로봇이 대신하는 세상, 그야말로 우리는 아바타 인생을 사는 것이다.

인간이 동물과 다른 점은 생각하는 것이다. 생각을 통해 창의성을 갖게 되고 생각을 통해 삶의 여백도 생기게 된다. 그러나 과학기술 문명으로 인한 사이버 시대는 인간을 생각하지 않는 인간으로 만들고 있다. 굳이 외우지 않아도 검색으로 지식을 습득할 수 있는 세상, 굳이 어른들에게 묻지 않아도 기계가 다 대답을 주고 있으니 당연히 어른에 대한 공경은 사라지고 젊은이들의 눈에 비치는 어른들은 그저 시대에 뒤떨어지는 고리타분한 세대로 보일 뿐이다. 그렇다면 동물과 다른 점이 무엇이겠는가! 히브리서 3장 1절에는 "예수를 깊이 생각하라"고 말하고 있다. 사람은 깊은 생각을 통해 통찰력을 얻게 된다.

내게
능력 주시는 자 안에서
내가 모든 것을
할 수 있느니라

mustard seed

II.
나무로 자라다

21 • mustard seed

마음 경영

요즈음 마음 경영에 대한 관심이 굉장히 높다. 내 마음을 어떻게 경영하는가에 따라 성공과 실패가 달려 있기 때문이다.

사람들은 행복의 최대 조건이 돈이라고 생각하지만 사실 마음이다. 내 마음을 어떻게 경영하느냐에 따라 부자가 될 수도 있고 거지가 될 수도 있다. 같은 회사에 다니면서도 어떤 사람은 주인 의식으로 회사에 다니는가 하면 어떤 사람은 노예 의식으로 회사에 다닌다. 주인 의식으로 회사에 다니는 사람은 자신의 미래를 회사와 동일시하기 때문에 저절로 성공할 수밖에 없다. 그러나 노예 의식으로 회사에 다니는 사람은 죽지 못해 회사에 다니기 때문에 스트레스로 몸도 마음도 다 망치게 되는 것이다. 성경에도 보면 "모든 지킬 만한 것 중에 더욱 네 마음을 지키라 생명의 근원이 이에서 남이니라"(잠 4:23)고 기록하고 있다.

  마음을 어떻게 경영해야 할까? 행복한 마음으로 경영해야 한다. "웃기는 리더가 성공한다"는 말이 있다. 하나님께서도 "항상 기뻐하라"고 말씀하셨다. 요즘은 마음 경영을 유머 경영으로 해야 한다고 말할 정도로 유머가 삶을 긍정적으로 변화시킨다고 생각한다. 입사 시험 면접에서 유머를 주문할 정도로 CEO의 80%가 유머 있는 직원을 구하는 추세다. 내가 행복해야 남도 행복하게 한다. 그만큼 유머가 현대사회에서 소통의 기술이 되고 있다.

명품 신앙

　　　　　사람들은 누구나 명품을 선호한다. 그러나 시중에서 판매되고 있는 명품 대부분이 가짜라고 밝혀지면서 소비자들이 경악하고 있다.

　언젠가 화가 렘브란트의 「자화상」이 가짜일 수 있다는 가능성이 드러나면서 전문가의 연구 감정에 들어간 적이 있다. 여러 전문가가 분석한 결과, 지금껏 알고 있었던 「자화상」은 사실 렘브란트의 제자가 그린 복제품이라는 것이 드러났다. 진품은 밑그림이 없는 데 비해 복제품은 연필로 밑그림이 그려져 있는 것을 발견해낸 것이다. 사람이 보기에는 정말 똑같은데 가격으로 따지면 실로 엄청난 차이가 난다. 명품 가방도 마찬가지다. 사람의 육안으로는 구별할 수 없을 정도로 똑같지만, 복제품은 인정받지 못한다.

  우리 신앙인도 그렇다. 겉으로 보기에는 매우 열심히 봉사하고 충성하는 것 같은데 진심이 아닌 가짜가 있다. 이런 사람은 자신의 욕구 충족을 위해 신앙생활을 하기 때문에 작은 바람만 불어도 흔들리며 믿음의 뿌리를 내리지 못한다. 명품은 세월이 가면 갈수록 더 진가를 나타내지만, 가짜는 시간이 지나면서 오류가 눈에 띄는 것이다. 그러므로 이왕이면 예수 그리스도를 본받는 진짜 신앙인이 되어야 한다. 인생에는 지우개가 없기에 후회 없는 삶을 살아야 하기 때문이다. 항상 기뻐하고 쉬지 않고 기도하면서 범사에 감사하는 명품 신앙인이 되었으면 좋겠다.

믿음으로 이루어 낸 기적

　　　　　대한민국은 정치 역사상 가장 큰 개혁을 이룬 나라다. '모성의 힘'을 보일 여성 대통령이 탄생했기 때문이다. 이는 국민 대통합을 약속으로 국민의 50% 이상의 믿음으로 이루어 낸 결과다.

'머니볼 이론'이라는 말이 있다. 이 말은 영화 「머니볼」에서 시작된 말인데, 경기 자료를 철저히 분석하여 선수를 적재적소에 배치해서 승률을 높인다는 게임이론이다. 이 영화에서 단장은 고정관념을 버렸다. 스펙이 화려하고 우수한 선수보다 잠재력이 있는 참신한 선수들을 선발해 그들을 끝까지 믿어 주는 데서 선수들은 메이저 역사상 기적을 이끌어 냈다. 인간은 누군가가 자기를 믿어 줄 때 그를 위해 목숨도 건다. 가정에서도 부모가 먼저 자식을 믿어 줘야 자식이 실망시키지 않는다.

우리의 신앙도 마찬가지다. 믿음이 기적을 이루게 된다. 어느 날 예수님께서 강도의 소굴로 변한 성전을 정화하신 후, 아침에 예수님께서 지나가시는 중에 무화과나무가 뿌리째 마른 것을 보셨다. 그때 베드로가 말하기를 선생님이 저주하신 무화과나무가 말랐다고 보고했다. 그 말을 들은 예수님께서는 "하나님을 믿으라"고 말씀하셨다. 그리고 "믿고 마음에 의심하지 아니하면 그대로 되리라"(막 11:23)고 하셨다.

부활의 꽃

영국의 고고학자들이 이집트의 피라미드를 연구할 즈음, 그 안에서 미라를 발견했다. 그 미라의 손에는 한 줄기 꽃이 있었다. 그 꽃은 외부의 공기와 접촉하는 순간 산산이 부서졌고 꽃씨만 남게 되었다. 고고학자들은 3천 년이 넘은 그 꽃씨를 영국으로 가지고 와서 심었는데 싹이 트고 잎이 나서 아름다운 꽃이 피었다. 지금껏 영국에서는 볼 수 없었던 전혀 새로운 꽃이었다. 그 꽃을 스페인 식물학자의 이름을 따서 '다알'이라 부르게 되었다. 우리나라의 '다알리아 꽃'이다.

사람마다 자기 손에서 놓지 않으려는 것들이 있다. 어떤 사람은 권세요, 어떤 사람은 명예요, 어떤 사람은 돈이다.

그런 것들은 씨앗이나 향기가 없기 때문에 시간이 흐르면 흐를수록 더욱 자신을 비참하게 만든다. 그러나 씨앗이 있는 꽃은 언젠가 다시 피어날 수 있기에 아름다움을 대물림할 수 있다. 비록 현재는 어둠 속에서 빛이 보이지 않지만, 언젠가 어두운 껍질을 벗기고 아름답게 다시 태어날 수 있기에 새 생명의 거룩함을 간직하고 있는 것이다.

지금껏 무심히 지나쳐 버린 다알리아 꽃을 보면서 부활을 생각할 수 있었으면 좋겠다. 우리 인생의 삶도 매우 풍성하고 아름다운 다알리아 꽃과 같다. 우리 속에 부활의 씨앗이 있다면 언젠가는 어둠을 떨치고 아름답게 꽃을 피우게 될 날이 반드시 오고야 말 것이다.

25 • mustard seed

사랑의 기술

에리히 프롬은 사랑은 배우고 익혀야 할 기술이라고 말한다. 두 남녀가 뜨겁게 사랑해서 결혼을 하지만, 어느 순간 두 사람 사이에 벽이 생기는 것은 사랑에 대한 기술을 익히지 않아서라고 한다.

사랑에는 기술이 있다. 가장 기본적인 기술은 상대방과 같은 사랑의 언어를 사용하는 것이다. 언어가 다르면 소통되지 않기 때문이다. 외국인과 소통하려면 그 나라 말을 먼저 배워야 한다.

사람은 성격상 여러 가지 유형을 가지고 있다. 크게는 머리형, 가슴형, 그리고 장형으로 나누지만, 세부적으로는 아홉 가지 유형으로 나눈다. 그 유형에 따라 생각이나 행동이 모두 다르다. 똑같은 상황에서도 유형에 따라 반응하는 행동이 모두 다르기 때문에 남녀가 함께 살아가려면 상대방이 어떤 유형인지 빨리 파악하고 나와 다름을 인정하면서 조화를 이루어 가는 훈련을 해야 한다. 다시 말하면 같은 언어 훈련을 해야 하는 것이다.

성경을 보면 "하나님은 사랑이시라"(요일 4:8)고 말씀하고 있다. 그렇다면 우리가 하나님과 사랑을 소통하고자 할 때 어떤 사랑의 기술을 배우고 익혀야 할까? 우리는 하나님과 같은 사랑의 언어를 배우고 익혀서 소통하는 훈련을 해야 한다. 그래서 말씀 묵상이 중요한 것이다.

사랑의 언어

인간관계 속에서의 문제는 서로 사랑의 언어가 부족해서 생겨난다. 예를 들어 부부간에도 사용하는 사랑의 언어가 다르면 소통의 문제가 생겨 서로가 사랑받고 있다는 느낌을 갖지 못한다. 하나님과 우리의 관계도 마찬가지다. 그러기에 우리는 하나님의 사랑의 언어를 알아야 한다.

자기 계발 치유의 책 『호오포노포노의 비밀』은 사람들의 마음을 정화하는 네 가지 말을 설명하고 있다. "사랑합니다. 감사합니다. 미안합니다. 용서합니다." 이 네 가지 말을 이용해 하와이 전통 치유 의식인 호오포노포노 운동이 시작되어 정신병원에 모든 환자의 치유가 되는 기적이 일어난 것이다.

  사람은 대부분 자신의 일상에서 부정적인 말과 생각으로 인해 고민하며 화를 내고 증오하면서 살아간다. 그런 것을 정리하고 청소하는 능력이 바로 이 네 가지 사랑의 언어에 있는 것이다.

  하나님이 쓰시는 사랑의 언어는 첫째 인정하는 말, 둘째 친밀감, 셋째 선물이다. 하나님은 아브라함을 부르시고 친구라 하실 만큼 그를 사랑하고 친밀하게 대하셨다. 뿐만 아니라 자신의 독생자까지 선물로 주셨다. 그렇다면 우리가 그 사랑에 보답하는 길은 무엇일까? 그분의 뜻을 알고 하나님이 쓰시는 사랑의 언어로 세상을 정화하면서 빛과 소금으로 살아가는 것이다.

27 • mustard seed

새롭게 변화된 사람

 사람을 변화시킨다는 것은 쉬운 일이 아니다. 스스로 깨닫기 전에는 변화가 일어나지 않기 때문이다. 부모가 자식을 야단친다고 자식이 달라지지 않는다. 가르치기보다는 감동을 주어 본인 스스로 돌이킬 수 있게 해야 한다.

박목월 시인의 일화 중에서 이런 이야기가 있다. 그가 화려한 중년에 제자인 여대생과 사랑에 빠진 적이 있다. 그는 자신의 명예와 지위를 모두 버리고 사랑하는 여인과 도망쳐 제주도에서 살림을 차렸다. 몹시 추운 어느 날 그의 아내가 그곳을 찾아왔다. 두 사람이 함께 있는 것을 본 그의 아내가 말했다. "추운데 힘들지 않나요?" 그러면서 돈 봉투와 두 사람이 입을 따뜻한 겨울옷을 놓고 돌아갔다. 그 모습을 본 두 사람은 가슴이 아파서 견딜 수 없었다. 그래서 두 사람은 가슴 아프지만 헤어지기로 했다. 그날 밤 그는 사랑하는 그 여인에게 이별이라는 시를 써서 선물로 주었다.

"기러기 울어 예는 하늘 구만리
바람이 싸늘 불어 가을은 깊었네
아아, 너도 가고 나도 가야지."

그 일이 계기가 되어 「이별」이라는 명시와 명곡이 탄생하게 되었다. 또한 그도 가정으로 돌아왔다. 아내의 지혜롭고 감동적인 행동이 남편의 마음을 변화시킨 것이다. 변화는 감동을 통해 깨달음을 얻을 때 속에서 일어난다. 우리도 예수님 때문에 감동하여 매일 새롭게 변화되길 소원한다.

생각의 전환

　　　　　　　　개미와 베짱이에 관한 동화가 있다. 우리가 어렸을 때는 일을 하지 않고 노래만 부르는 베짱이를 게으름의 표상으로 단정 짓고, 열심히 일해서 겨울을 준비하는 개미와 같은 사람이 되라는 가르침을 받았다. 그런데 오늘날은 다른 생각으로 이 동화를 해석하고 있다. 일중독에 걸려 있는 개미는 불행한 사람처럼 이야기하고 자기가 좋아하는 일을 하는 베짱이를 행복한 사람으로 생각해서 개미도 즐기는 연습을 해야 한다고 말한다.

　이처럼 시대에 따라 생각에도 전환이 생긴다. 한국전쟁 후 우리가 못살 때는 열심히 일해야 하는 것에 초점을 맞추었지만, 지금은 개성과 전문성에 초점을 맞추고 있다.

과거는 지식 정보화 시대였기 때문에 공부 잘하는 사람이 대우받았다. 그러나 오늘날은 지식과 정보는 스마트폰만 있으면 모두 해결된다. 요즈음은 감성과 창의력의 시대이기에 공부만이 능사가 아니다. 감성과 창의력을 통해 자신의 실력을 인정받으면 대우받는 시대에 살고 있다. 예를 들어 판검사보다도 실력 있는 개그맨이 더 대우를 받고 있는 게 사실이다. 그러므로 우리의 생각이 고정관념에서 빨리 벗어나는 길만이 현대를 살아가는 지혜가 된다.

성경적 삶의 방식

　　　　　세상을 살면서 우리는 세상 속 삶의 방식과 성경에서 말하는 삶의 방식이 달라서 갈등을 겪을 때가 있다. 세상의 방식으로는 수단과 방법을 가리지 않고 부를 축적해야 한다. 다시 말하면 쟁취해야 내 것이 되는 것이다. 그런데 성경에서는 부자가 되는 방법을 '주라'고 말한다. "주라 그리하면 너희에게 줄 것이니 곧 후히 되어 누르고 흔들어 넘치도록 하여 너희에게 안겨 주리라"(눅 6:38).

　이럴 때 우리가 생각해야 할 일은 나의 소속을 생각해 보는 것이다. 내가 하늘에 속한 자인가, 땅에 속한 자인가를 생각하면 그 대답은 명쾌해진다. 성경에서 '주라'고 말하는 것은 믿음이 있어야 가능해진다. 돈이 많다고 기부를 잘하거나 헌금 생활을 잘하는 것은 절대 아니다. 믿음이 있어야 한다. 성경에 3만2천5백가지의 약속의 말씀이 있다지만 본인에게 믿음이 있어야 그대로 되는 것이다.

마태복음 9장 29절에도 보면 예수님께서 맹인들의 눈을 뜨게 하실 때 "너희 믿음대로 되라"고 하셨고 물 위를 걸어오던 베드로가 바람을 보고 무서워 물에 빠져 들어가는 것을 보시고는 "믿음이 작은 자여 왜 의심하였느냐"(마 14:31)고 책망하셨다. 그러므로 성도가 살아가면서 적용해야 할 삶의 방식은 '오직 믿음'이라는 것을 잊어서는 안 된다.

성공하는 HOME CEO

　　　　　　교육이란 가르치는 것이 아니라 모범을 보여 주는 것이다. 이솝우화에 보면 어미 게와 새끼 게의 이야기가 나온다.

조용한 바닷가에 어미 게와 새끼 게가 함께 기어 다니고 있었다. 어느 날 어미 게가 새끼 게를 보니까 자꾸만 옆으로 걸어가는 것이다. 어미 게가 새끼 게에게 말했다. "애! 넌 왜 걸음을 똑바로 걷지 않니?" 그러자 새끼 게가 어미 게를 보면서 말했다. "엄마가 똑바로 걸으면 저도 엄마처럼 걸어 볼게요." 어미 게가 몇 걸음을 걸어가자 새끼 게가 참을 수 없다는 듯 웃었다. "엄마도 옆으로 걸어가네요."

그렇다. 자식은 가르치는 대로 살아가는 것이 아니라 본

대로 자식은 살아간다. 이런 진리를 안다면 우리 어른들은 행동을 함부로 해서 안 된다. 아무 생각 없이 하는 거짓말이나 이기적인 행동을 주의하자. 부모는 자기도 모르는 사이에 자식의 멘토가 되고 있음을 기억하며 삶의 본이 되어야 한다.

하나님께서는 우리가 어떤 마음으로 세상을 살아야 할 것인지 예수님을 통해 보여 주셨다. 참 하나님께서 참 인간이 되셔서 삶의 본보기를 보여 주신 예수님, 바울은 이 예수님을 본받았다. 그래서 자신을 본받는 자 되라고 자신 있게 말할 수 있었던 것이다. "현재의 불행은 언젠가 잘못 보낸 시간의 보복"이라는 나폴레옹의 말을 가슴에 새기며 자신의 현재를 돌아볼 수 있기를 기대해 본다.

성공하는 리더

　　미국의 심리학자 에이브러햄 매슬로는 인간의 욕구단계설에서 "타인에게 인정과 존중을 받으려는 것은 인간의 기본적인 욕구"라고 말했다. 오늘날 리더의 자질이 많이 바뀌고 있다. 과거에는 스파르타식이나 권위주의가 통했다. 그러나 현대는 그런 사고가 통하지 않는다. 리더가 솔선수범하여 함께 참여하고 공감하며 동행하는 소통을 통해 리더로서의 설득력을 얻고 있다. 그러다 보니 과거처럼 지시하거나 지도하는 게 아니라 상대의 잠재력을 발휘하는 과정의 동반자가 되어 소통의 한가운데 리더가 동참한다. 그래서 상대 안에 존재하는 문제의 답과 능력을 끌어내는 소통 프로세스를 한다.

요즈음 예능 프로그램 중에도 회사원과 사장, 그리고 연예인들이 함께 참여해 리더와 사원이 함께 소통하는 회사의 모습을 많이 조명하고 있다. 한마디로 말하자면 함께 웃을 수 있는 기업의 이미지다. 한 개인의 지성보다 집단 지성이 더 효과적이고 동행하며 소통하는 것이야말로 공감 능력이 배가 될 수 있다.

　그러므로 성공하는 리더는 소통하고 공감하며 함께하는 것임을 잊지 말자. 또한 하늘 보좌를 버리고 사람이 되셔서 인간과 소통한 예수님의 마음을 늘 가슴에 새기기 바란다.

세상을 비추는 빛

들녘을 걷다 보면 맑고 투명한 햇살이 우리의 마음을 설레게 한다. 그 이유는 빛에는 두 가지 좋은 속성이 있기 때문이다. 첫째는 어둠을 밝히는 것이고, 둘째는 식물에게 생명을 주는 것이다.

우리가 숲을 거닐 때 빽빽한 숲 가운데 나무가 더 높이 자라서 키 큰 나무가 되어 있는 것을 보게 된다. 자작나무 숲에 가면 왠지 그런 모습이 더 아름답게 가슴에 와 닿는다. 그런데 나무는 왜 그렇게 자랄까? 숲 속에서 나무는 빛을 받기 위해 경쟁을 하기 때문이다. 듬성듬성한 곳의 나무는 옆으로 퍼지지만 빽빽한 곳의 나무는 조금이라도 더 높이 올라가야 빛을 받을 수 있다. 빛은 공의의 법칙을 따른다. 누구든지 태양을 향해 두 팔을 벌리기만 하면 빛에 거하게 되는 것이다.

　예수님도 마찬가지다. 예수님은 이 세상에 '참 생명의 빛'으로 오셨다. 하나님께서는 세상에 생명을 주시려고 그 아들 예수 그리스도를 이 땅에 빛으로 보내 주셨다. 이 빛은 "세상에 와서 각 사람에게 비추는 빛"(요 1:9)이기 때문에 이 빛에 거하면 죄악과 어둠이 물러가고 의와 생명의 빛 가운데 거하게 된다. 빛으로 인해 오곡백과가 익는다. 우리의 삶이 병들어 갈 때 우리는 빛 된 예수님이 내 삶 가운데 있는지 점검해 볼 필요가 있다. 예수를 통해 생명을 얻고 그 생명을 세상에 나누는 자가 바로 빛 된 삶을 사는 사람들이다.

소통의 기술

　　　　　사랑에도 기술이 있어야 하듯이 소통에도 기술이 필요하다. 왜냐하면, 사람은 끊임없이 만남을 통해 살아가기 때문이다.

보통 만남은 세 가지로 나뉜다. 첫째는 자신과의 만남이요, 둘째는 타인과의 만남이요, 셋째는 하나님과의 만남이다. 자신과의 만남을 통해서는 내가 어디서 왔고 왜 살며 어디로 가는지 정체성을 깨닫고 자신을 돌아봄으로 차원 높은 삶을 살게 된다. 또 타인과의 만남을 통해서는 다른 사람의 생각을 듣고 인간관계를 형성하게 됨으로써 상대를 이해하고 배려하게 된다. 마지막으로 하나님과의 만남을 통해서는 하나님이 내게 주시는 메시지를 성경 말씀 가운데 듣게 된다. 그리고 그의 기쁘신 뜻을 위해 자신을 드릴 수 있어야 한다. 그러므로 듣는 훈련이 되어 있어야 하나님을 만날 수 있다.

현대인들은 듣는 훈련이 부족하다. "듣는 것이 기도의 핵심이다"라는 말처럼 우리는 내면의 음성을 들을 수 있어야 한다. 듣는 기술이 없이 내적인 청각장애인이나 언어장애인과 소통할 수는 없다. 우리는 듣는 기술을 통해 삶의 모든 것에서 하나님을 느끼고 볼 수 있어야 한다. 내가 마음을 연다는 것, 그것은 다른 사람을 사랑하는 소통의 비결임을 알아야 한다. 그래서 늘 먼저 마음을 여는 성숙한 자들이 되었으면 한다.

시간아 천천히

K팝스타 오디션에 나온 이진아 양이 「시간아 천천히」라는 곡을 불러 세 명의 심사 위원으로부터 극찬을 받았다. 그 이유는 정말 신선하게 다가왔기 때문이다. 모든 것이 빠르게만 돌아가는 LTE시대, 자신을 잃어버리고 시간에 쫓겨 정신없이 살아가는 현대인들에게 한 박자 쉬어 갈 수 있는 마음의 여유를 준 곡인 듯했다.

언젠가 하얀 여백의 백자 항아리가 유난히 빛나는 것을 본 적이 있다. 그 이유는 하얀 여백 때문이리라. 마음에 여유가 있어야 빛나는 세상, 그래서 요즈음 '서드 에이지(third age)'라는 말을 말이 한다. 인생이 헐렁해지는 시기를 말한다. 젊은 날, 일 때문에 하지 못했던 것을 하면서 자기실현을 추구하는 단계를 말한다. 이 시기는 보기 좋은 직업보다 하고 싶은 일을 찾아 내적으로 충만을 이루는 단계다. 그리고 쓸데없는 소비를 없애고 심플하게 인생을 살아가면서 비움의 정신적 가치를 느끼는 시기다. 고령화 시대에 모든 사람이 꿈꾸는 노후이기도 하다.

시멘트 벽돌로 높게 쌓은 담장보다 제주도의 돌담이 더 아름답게 보이는 것은 돌과 돌 사이의 공간 때문이리라. 그 공간 때문에 여유가 생겨 태풍에도 무너지지 않는 것이다. 빠른 것이 세상을 지배하고 있는 세상, 이런 세상에서 비움의 정신적 가치를 느껴 보자. 예수님도 말씀하셨다. "심령이 가난한 자는 복이 있나니 천국이 그들의 것임이요."(마 5:3).

신앙의 금메달

 2014년 소치 올림픽을 통해 세계가 금메달 경쟁을 벌였다. 메달을 받은 자와 받지 못한 자의 희비가 엇갈렸다. 이들은 올림픽 메달을 위해 4년간 눈물과 땀을 흘리며 인내하고 훈련한 결과물을 거두었다. 우리나라 선수 중에는 빙상 종목 금메달을 위해 선두에 달리다 넘어져 탈락한 선수가 생겼다. 충분히 메달을 받을 실력이 있었음에도 넘어졌기 때문에 실격이 된 것이다. 반면에 이상화 선수는 2회 연속 올림픽 메달을 가슴에 달았다. 그의 말에 의하면 꾸준히 자기 페이스를 유지하며 힘든 훈련을 게을리하지 않았고 실전에서도 평소처럼 했다는 것이다.

 신앙도 이와 같다. 우리의 신앙은 인내의 경주를 하는

것이다. 아무리 열심히 해도 넘어지면 실격될 수밖에 없다. 인내를 온전히 이루며 열심히 훈련하여 믿음을 이루는 것이 신앙인의 승리다. 아브라함은 약속의 씨앗인 이삭을 얻기까지 25년을 기다려야 했고, 다윗 왕도 긴 세월 쫓겨 다니며 고난을 이겨 내야만 했다. 노아도 세상 사람들의 손가락질을 받으며 구원을 위해 미련할 만큼 120년을 아라랏산에서 방주를 만들었다. 성경은 말한다. "인내를 온전히 이루라 이는 너희로 온전하고 구비하여 조금도 부족함이 없게 하려 함이라"(약 1:4). 신앙의 금메달을 향해 열심히 달리는 자들이 되기를 바란다.

하나님의 신비

　　　　　　　한 뇌 과학자가 뇌 수술실에 들어가 뇌를 직접 보았다. 처음에 뇌는 그냥 1.5kg짜리 고깃덩어리였다. 뇌를 아무리 잘라 보고 해부해 보아도 그 안에는 영상도 소리도 없는 그냥 세포들뿐이었다. 하지만 심장에 있는 세포와 다른 점을 자세히 보니 감각의 신경세포들이 수만 개의 다른 신경세포들과 연결되어 어마어마한 양의 소통을 하고 있었다고 한다.

　사람이 상처를 받는 것도 주 기능 모델이 외부 데이터와 어긋날 때 생긴다고 한다. 예를 들어 나는 똑똑하다고 생각하는데 누가 와서 바보라고 하면 상처를 받는다. 그 이유는 외부 데이터와 일치하지 않기 때문에 둘 중 하나를 바꾸어야 하는 것이다. 과학에서는 나를 바꾸라고 하는데 뇌에서는 외부 데이터를 무시하라고 한다. 신기한 것은 뇌라는 고깃덩어리가 어떻게 정신이라는 비물질을 만들어 낼 수 있단 말인가! 많은 사람이 해답을 찾지 못하고 있지만, 너무나 당연한 것은 그것은 하나님의 신비이기 때문이다.

우리는 '하나님이 만드신' 하나님의 창조물이다. 피조물인 인간이 창조주 하나님을 연구한다는 것 자체가 무리다. 우리는 하나님이 왜 인간을 만드셨는지에 대해 연구해야 한다. 하나님은 당신의 영광을 위해 인간을 만드셨다. 그러므로 우리는 하나님을 기쁘시게 하는 삶을 살아야 하는 것이다.

심령이 가난한 자

알렉산더 대왕이 있었다. 그는 젊은 날 그리스, 페르시아, 중동, 이집트, 그리고 인더스강까지 광활한 영토를 10년 사이에 제패시킨 유능한 인물이다. 만약 그가 33세 나이로 병사하지 않았다면 유럽의 역사는 어떻게 되었을지 모를 일이다.

젊은 날에 천하를 얻었던 그가 당대의 현인 디오게네스를 만났다. 거지처럼 초라한 그를 향해 알렉산더 대왕은 선을 베풀고 싶어 말했다. "디오게네스, 그대가 필요로 하는 것을 내가 베풀기를 원하오." 그러자 디오게네스는 잠시의 망설임도 없이 고요한 소리로 말했다. "자리를 좀 비켜 주시지요. 그저 나에게 비춰는 해를 가리지 않았으면 감사하겠습니다." 참으로 부족함이 없는 대답이다. 사람의 눈에는 그가 거지처럼 보였지만, 그가 누린 심령의 가난함은 이미 천국을 소유하고 있었던 것이다. 알렉산더 대왕은 후에 죽고 나서 자신의 관에 구멍을 내어 두 손을 내놓으며 빈손을 보여 주었다. 사람은 빈손으로 와서 빈손으로 돌아간다는 진리를 몸으로 보여 준 왕이다.

물질 시대에 사는 우리는 물질에 눈이 어두워 양심도 팔고 자신도 물질의 노예가 되어 살아간다. 예수님께서는 "심령이 가난한 자는 복이 있나니 천국이 그들의 것임이요"(마 5:3)라고 성경을 통해 말씀하셨다. 이미 2천 년 전에 예수님께서 비움의 철학을 우리에게 말씀해 주신 것이다.

십자가로 이겨라

　　　　　로마가 유럽을 제패하고 대로마제국이 된 것은 콘스탄틴 황제 때다. 주후 312년 콘스탄틴은 막강한 군대를 가진 막센티우스와 로마의 테베르강에서 전쟁을 하게 되었는데 그곳에서 이기는 자만이 로마와 전 세계를 점령할 수 있었다. 황제가 전쟁 막사에서 '어떻게 하면 전쟁에서 이길 수 있을까'를 고민하는데, 갑자기 십자가에 못 박혀 죽어 가는 예수님이 환상으로 나타나셨다. 주님이 말씀하셨다. "네가 이 전쟁에서 승리하면 이 로마제국을 주님을 믿는 나라로 만들고 너는 주의 종이 되겠느냐?" 그는 말했다. "이 전쟁에서 이기면 로마제국을 하나님께 바치고 주의 종이 되겠나이다." 예수님이 말씀하셨다. "이 십자가로 이겨라." 그는 전쟁을 하면서 투구와 방패 등 모든 곳에 십자가를 그리고 십자가를 앞세워 대승을 하게 되었다.

  우리 인생의 삶도 영적 전쟁이다. 십자가를 마음 깊이 새기면서 살아야 한다. 십자가는 죄 용서의 상징이기도 하지만, 수직적으로는 하나님 사랑이요, 수평적으로는 이웃 사랑을 의미한다. 나보다 남을 낫게 여기며 섬기는 마음이 겸손이요, 곧 예수님의 마음이다. 그러므로 상대방의 입장에서 공감하고 나 자신을 살피는 십자가 정신을 마음 판에 새기면서 세상을 살아야 한다. 그것이 바로 세상을 이기는 삶이요, 십자가로 이기는 길이라는 것을 명심하기 바란다.

위대한 어머니

　　　　　시골 길을 걷다 보면 논두렁에 우렁이 껍데기가 둥둥 떠다니는 것을 볼 수 있다. 어미 우렁이가 새끼들을 위해 자기 속살을 다 파 먹여 키우고 빈 껍데기가 되어 사라져 가는 모습이다. 논두렁에 앉아 그 모습을 보고 있으면 왠지 마음이 숙연해진다.

　우리 어머니들의 삶이 그렇다. 자식을 위해 끝없이 퍼주고 퍼주며 결국엔 빈 껍질로 살다가 우리 곁을 떠나는 것, 이것이 조건 없는 사랑이다. 평생을 자식 잘되기만을 소원하며 손발이 다 닳도록 고생하신 어머니가 아니면 자식이 죽어야 할 자리에 대신 뛰어들 사람이 누가 있겠는가! 그러기에 어머니를 위대하다고 하는 것이다.

나는 이 모습을 보면서 예수님의 사랑을 생각해 본다. 나의 죄 때문에 내가 죽어야 할 자리에 대신 죽으시고 나의 영혼을 구원하신 큰 사랑, 그 사랑은 엄청난 것이어서 돈으로 지불할 수 없다. 그래서 값없이 선물로 주신 것이다. 우리는 그 큰사랑을 입은 사랑의 빚진 자들이다. 그렇기 때문에 그의 나라와 의를 위해 살아야 하는 것이다. 그분의 죽음이 헛되지 않게 십자가를 잊어서는 안 된다. 예수님의 유언이 하늘나라의 확장이기에 우리는 영혼 구원을 위해 힘쓰며 살아야 한다. 그것이 예수님께 보답하는 길이다.

여백의 미

　　　　　일본의 한 시인이 "휴대전화를 가진 이후로 자신은 극도의 외로움에 빠졌다"고 고백한 시가 있다. 아날로그 시대에 사람과의 만남을 통해 정을 쌓아 오던 것을 요즈음은 컴퓨터나 전자 기계가 대신하고 있다.

　요새 지하철을 타면 젊은이들이 모두 휴대전화로 게임을 하거나 텔레비전을 보느라 정신이 없다. 가정에서도 가족 간의 소통보다 기계와의 소통을 더 중요하게 생각한다. 어떤 프로그램에서 청소년들에게 휴대전화를 빼앗아 버리고 3일을 보내게 했는데 진행하는 내내 불안 증세를 보였다. 마치 담배를 끊은 사람에게 금단현상이 오는 것처럼 그들은 안정을 찾지 못하고 불안해하고 있었다.

인간이 동물과 다른 점은 생각하는 것이다. 그래서 그 생각으로 끊임없는 변화를 추구하면 산다. 그러나 과학기술 문명으로 인한 사이버 시대는 인간을 생각하지 않는 인간으로 만든다. 그렇다면 동물과 다른 점이 무엇이 있겠는가! 현대인들에게 중요한 것은 '생각'이다.

우리는 그림의 여백을 통해 마음의 생각을 하게 된다. 여백의 시간을 깊은 사색의 시간으로 보내면 어떨까? 히브리서 3장 1절에 "예수를 깊이 생각하라"고 말하는 것처럼 깊이 생각하며 사는 삶이 아쉬운 현실이다.

내게
능력 주시는 자 안에서
내가 모든 것을
할 수 있느니라

mustard seed

III.

열매를 맺다

역경의 힘

역경을 가까이하려고 하는 사람은 없다. 어느 날 갑자기 고통스러운 상황이 오기까지는 역경에 대해 생각하고 싶지도 않은 법이다. 하지만 일단 역경에 처하고 나면 역경은 본인에게 강력한 자극제가 된다. 더 나아가 믿음의 사람들은 역경을 통과하면서 늘 하나님이 함께하신다는 것을 알게 된다. 또한 그들은 역경의 과정을 통해 하나님의 창조 목적에 합당한 사람으로 변화된다.

역경은 힘을 길러 준다. 나비가 되는 과정을 한번 지켜보라. 나비는 알에서 애벌레로 그리고 애벌레는 고치 속에 숨은 채 변태의 과정을 거쳐야 한다. 그러다가 어느 시점이 되면 나비는 우화를 위해 고치를 뚫고 나오려고 발버둥을 친다. 옆에서 이 과정을 지켜보노라면 나비를 도와주고 싶은 마음이 들지만, 그런 역경을 거치지 않은 나비는 결국 허약해서 날지를 못한다.

하나님은 때때로 우리에게 하나님 자녀의 모습으로 새롭게 태어나게 하려고 역경의 과정을 겪게 하신다. 역경은 스트레스를 견디는 법을 가르쳐 준다. 뿐만 아니라 역경을 통해 우리는 하나님을 신뢰하는 법을 배우게 된다. 요셉처럼 역경으로 다져진 리더십이 훌륭한 지도자로 거듭나게 하는 것이다.

42 • mustard seed

꽃보다 열매

나이가 들면서 달라지는 것 중의 하나가 꽃보다 열매가 더 좋아 보이는 것이다. 길을 가다가 감이나 대추가 주렁주렁 열린 나무를 보면 탐스럽기도 하고 그 나무가 대견하기도 하다. 사실 나무는 열매를 통해 씨앗을 내기 때문에 열매는 생명의 근원이다.

그래서일까. 성경도 보면 하나님께서 열매의 중요성을 말씀하신다. 그 열매는 바로 선한 일에 열매 맺는 삶을 말씀하시는데 사랑과 희락과 화평, 오래 참음과 자비와 양선, 그리고 충성과 온유와 절제의 삶이다. 이 열매를 통해 예수님의 제자인지 아닌지를 구별하게 된다는 것이다. 성경에는 예수님이 무화과나무에 열매가 없음을 보시고 저주하신 사건도 기록되어 있다. 그 이유는 예수님이 보실 때 나무에 잎사귀만 무성하고 열매가 없음은 나무로서의 가치가 없기 때문이다.

  열매는 고난과 역경 속에서도 기꺼이 참고 견딜 뿐 아니라 비바람이 불면 더욱 단단해진다. 단단하지 못하면 떨어져 밟히기 때문이다. 분명한 것은 열매는 우리의 능력으로 맺는 것이 아니다. 오직 성령님의 능력과 기름 부으심으로 열리게 된다. 다시 말하면 성령님을 통해 성도의 선한 열매가 열리게 되는 것이다. 예수님이 기뻐하시는 선한 열매를 주렁주렁 맺는 귀한 삶이 이어지길 기대한다.

영적 실력

오늘날 21세기는 정보의 시대요, 인터넷의 시대다. 정보를 공유하게 되면 그 사람의 의식이 열리게 된다. 반면에 너무나 많은 정보를 접하면서 판단력이 흐려지는 경우도 있다.

'시도 때도 없이 SNS로 들어오는 정보, 즉 검증되지 않은 정보를 보내는 것이 스마트폰 테러에 해당하는가'라는 주제로 토론하는 프로그램을 보았다. 그만큼 우리 사회는 쓸데없는 정보까지 공유하기를 원하는, 정보 홍수 시대에 살고 있는 것이다. 똑같은 정보의 장을 지혜로운 사람은 많은 사람의 유익을 위해 사용하지만, 어떤 사람은 악의 도구로 사용하기도 한다. 그래서 상대에게 불쾌감을 준다.

개인의 통신 공간을 다른 사람의 인신공격이나 테러의 장으로 사용하고 있는 것이다.

　미래 시대는 정보의 공유보다 그 정보를 사용할 수 있는 능력을 높이는 자가 성공적 삶을 살게 된다. 그래서 중요한 것이 인성 곧 인격이다. 정보가 많아질수록 제대로 된 정보 찾기가 어려워 혼란스러울 때가 있다. 지식은 공유할 수 있지만, 지혜는 개인의 영역이다. 지혜는 인터넷을 통해 오는 것이 아니라 하나님께로부터 오는 것이기 때문이다. 그러므로 우리는 늘 깨어 하나님과 소통함으로 분별할 수 있는 영적 실력을 갖추는 자들이 되어야 한다.

예수님을 품고 사는 새로운 날

사람이 살아가면서 자기 가슴속에 무엇을 품고 사느냐에 따라 인생이 달라진다. 자기 가슴속에 문제를 품고 사는 사람은 늘 원망과 불평이 끊이지 않게 된다. 이런 사람은 환경의 지배를 받기 때문에 땅만 쳐다보면서 한숨짓는다. 그러나 가슴속에 그리스도를 품고 사는 사람은 늘 감사가 끊이지 않게 된다. 근본이 다르기 때문이다. 목회를 하다 보면 한때 열심을 다해 전도하며 충성하던 사람이 어느 순간 다른 사람이 되는 것을 보게 된다. 가슴에 품었던 그리스도를 놓아 버려서 근본이 바뀌어 버린 것이다.

우리가 잘 알고 있는 레오나르도 다 빈치의 「최후의 만찬」에서 예수님의 모델과 가룟 유다의 모델은 동일 인물이다. 레오나르도 다 빈치는 선하게 생긴 19살의 젊은이를 찾아 예수님의 모델로 그렸다. 시간이 흘러 가룟 유다의 모델을 찾던 중, 가장 악랄한 모습의 죄수를 찾아 완성했는데 그가 바로 6년 전에 그렸던 예수님의 모델이었던 것이다. 죄를 짓고 죄의 몸이 되니까 인상이 가장 악랄한 사람으로 변해 버린 것이다.

성경에는 "모든 지킬 만한 것 중에 더욱 네 마음을 지키라 생명의 근원이 이에서 남이니라"(잠 4:23)고 말씀하신다. 마음을 지키지 못하면 어느 순간 다른 사람이 되어 버리는 것이다. 예수님을 가슴에 품고 마음을 잘 지키며 사는 새로운 날을 맞이했으면 좋겠다.

45 • mustard seed

위기 대처 능력

2013년 트렌드 가운데 '코브라 트위스트를 주목하라'는 말이 있다. 이 말은 어느 교수가 새해 트렌드로 정한 말이다. '코브라 트위스트'는 프로레슬링 기술 가운데 하나인데, 가장 강력한 피니시 기술이자 위기를 넘기기 위한 기술로서 뱀의 해인 2013년 새해에 붙여진 것 같다. 내용은 한 치 앞이 안 보이는 불확실성 속에서 그 어느 때보다 치열한 경쟁을 해야 한다는 것이다.

사실 주변을 돌아보면 우리 모두가 불확실한 시대에 살고 있음을 뼈저리게 느끼게 된다. 오십 대가 되면 노후 대책 준비는커녕 아직 자녀 교육비도 마무리하지 못했는데 직장에서는 명퇴나 찍퇴(퇴직 대상자로 찍힘)의 위치에서 아랫 사람들의 눈치를 봐야 한다.

  성경을 보면 위기가 하나님의 통로로 사용된 것을 보게 된다. 요셉은 형들에 의해 노예로 팔려 갔지만, 그 위기가 하나님의 시간을 끌어당길 수 있는 기회가 되었다. 만약 요셉이 애굽의 노예로 팔려 가는 위기가 없었다면 이스라엘의 역사는 달라졌을 것이다. 하나님은 당신의 뜻을 이루기 위해 하나님의 사람으로 변화시키는 과정에서 위기를 하나님의 통로로 사용하신다. 그때가 하나님의 능력이 빛을 발하기 때문이다. 이스라엘 백성이 출애굽 할 때 홍해가 가로막혀 진퇴양난에 처한 상황에서 하나님은 하나님의 능력으로 홍해를 갈라지게 하셨다. 한 치 앞을 볼 수 없는 어둠이 앞을 가릴 때 위기를 대치힐 수 있는 능력은 '빛 되신 예수님'이라는 것을 믿고 의지함으로 위기를 기회로 바꿀 수 있게 되기를 바란다.

유혹을 이기는 사람

　　　　　인생을 살다 보면 순간순간 다가오는 유혹이 있다. 그것이 돈일 수도 있고 명예일 수도 있고 쾌락일 수도 있다. 유혹을 이기지 못하면 한순간의 실수로 삶 전체가 만신창이가 된다.

요즈음 스마트폰이 대중화되면서 우리나라 청소년들이 게임과 도박의 유혹에서 헤어나지 못하고 있다. 게임과 도박에 대한 중독 증세가 가정과 학교를 비롯하여 사회를 위협하자, 교회도 청소년 게임과 도박 중독을 예방하는 프로그램을 해야 한다는 목소리도 높아지고 있다.

로마 시대 집정관으로 있던 안토니우스는 당시 로마의 강력한 지도자로서 외모도 출중하고 은빛 목청을 가진 웅

변가로 알려질 만큼 매력적인 사람이었다. 그러나 로마가 가장 중요한 시기에 이집트 원정을 갔는데 클레오파트라의 미색에 그만 불륜을 맺어서 뛰어난 지도자로서의 명예와 권력뿐 아니라 생명까지 잃어버리고 말았다. 일시적인 육신의 정욕과 쾌락을 이기지 못한 결과였다.

우리는 매일의 삶 속에서 유혹을 받고 있다. 그러나 유혹은 나를 넘어뜨리려고 오는 것임을 분명히 알고 시험에 들지 않기 위해 늘 깨어 기도해야 한다.

이름값

사람에게는 자기만의 이름이 있다. 과거 우리나라가 가난했던 시절에는 자식을 낳아서 키우다가 도중에 죽는 경우가 부지기수였다. 그러다 보니까 이름을 천하게 지어야 오래 산다고 생각해서 '개똥이' 같은 천박한 이름을 많이 지었다. 뿐만 아니라 그 시절에는 자식에게 '쳐 죽일 놈'이라든지, '나가서 뒈지라'든지 저주를 서슴없이 퍼부었다. 그 결과 일제강점기나 한국전쟁을 통해 많은 자식이 나가서 죽었다.

우리 입에서 불리는 말은 나오는 순간부터 공중에 떠다니면서 말대로 일을 한다. 그렇기 때문에 입에서 불리는 이름이 정말로 중요하다. 그러한 진리를 깨닫고 요즈음은 과거에 지은 자기 이름을 개명하는 사람들이 많다.

성경에도 보면 하나님께서 아브람을 아브라함으로, 사래를 사라로 개명하는 장면이 나온다. 예수님도 베드로에게 게바라는 이름을 주셨다. 그 이유는 이름대로 살라는 기대감도 있지만, 하나님 편에서는 그렇게 살도록 해 주시겠다는 의지가 포함된 것일 수도 있다. 그만큼 이름이 중요하다. 그러므로 이름값을 해야 한다. 나도 자유롭게 행동하다가 갑자기 누가 "목사님!"이라고 부르면 내 몸가짐부터 살피게 된다. 부모님이 내 이름 석 자를 지을 때 얼마나 고민하고 지으셨겠는가! 이름값을 하고 살아야 한다. "아들을 낳으리니 이름을 예수라 하라 이는 그가 자기 백성을 그들의 죄에서 구원할 자이심이라 하니라"(마 1:21).

인간의 근본

영혼이 방황하는 이유는 죄로 말미암아 잃어버린 본향을 찾지 못했기 때문이다. 우리의 영혼은 왜 평안을 잃어버리고 방황하는 것일까? 그 또한 인간의 근본을 잃어버렸기 때문이다. 하나님의 형상으로 지음받은 우리 인간이 선악과를 먹은 후 영은 죽고 육체만 남게 되자 하나님과의 사귐이 끊어졌다. 하나님을 배신한 우리 인간이 에덴에서 쫓겨나게 되었다. 하나님과의 사귐이 끊어진 우리 인간의 방황은 그때부터 시작된 것이다. 세상과 사귐을 이룰 수 있지만, 사탄과의 소통은 어둠이기에 평안이 없다. 그러므로 방황의 끝은 하나님과의 사귐을 회복하는 길밖에 없다. 그 통로가 바로 예수 그리스도다.

예수님께서 십자가를 지시기 직전에 제자들에게 주신 말씀이 "평안을 너희에게 끼치노니 곧 나의 평안을 너희에게 주노라"(요 14:27)였다. 그분이 십자가에서 구속을 이루심으로 본향 가는 길이 열린 것이다. 예수님께서 십자가에서 피를 흘려 죽으실 때, 하나님께 나아가는 길을 막고 있던 성소와 지성소의 휘장이 갈라졌다. 그래서 이제는 우리도 죄 사함을 받고 지성소까지 들어갈 수 있게 되었다. 다시 말하면 인간의 근본을 찾을 수 있는 길이 열린 것이다. 예수님께서 말씀하셨다. "내가 곧 길이요 진리요 생명이니 나로 말미암지 않고는 아버지께로 올 자가 없느니라"(요 14:6).

인생 발전소의 핵심 원료

야구 투수로 이름이 난 실력자에게 한 후배가 물었다. "선배님, 어떻게 하면 그렇게 정확한 공을 던질 수 있습니까?" 그때 선배가 대답했다. "나는 공을 던질 때 내 인생의 모든 것을 거기에 모두 쏟아 붓는다네." 그렇다. 사람은 무엇을 하든지 그것으로 성공을 하고자 할 때는 자기 인생의 모든 것을 걸고 그것에 미쳐 있어야 한다. 자신의 전부를 걸어야 하는 것이다.

김연아 선수가 2013년에 세계 선수권 대회에서 피겨 여왕으로 등극했다. 그의 연기를 보면서 전 세계가 열광했고 많은 사람이 그녀의 아름다움에 심취했다. 그녀는 우연으로 세계의 최고가 된 것이 아니었다. 김연아 선수는 피겨

스케이트를 타면서 끊임없이 넘어졌는데 넘어지는 것을 두려워하지 않고 끝까지 포기하지 않았다. 그리고 미셸 콴이라는 미국의 피겨 여왕을 멘토로 정하고 자신의 꿈을 펼쳤다. 빙판에서 넘어질 때마다 다시 일어났다. 오직 피겨만을 생각하면서 몰입하여 미치도록 훈련을 한 결과 자신도 피겨 여왕이 될 수 있었다.

  우리의 신앙생활도 마찬가지다. 신앙생활에서 성공하려면 미치도록 예수님을 사랑해야 한다. 그리고 자신의 전부를 예수님께 걸어야 한다. 왜냐하면 몰입이 우리 인생의 핵심 원료이기 때문이다.

인생은 곱셈이다

"인생은 곱셈이다." 일본의 유명한 일러스트레이터의 말이다. 사람이 살면서 아무리 좋은 기회가 와도 자신이 아무것도 하지 않는 제로(zero) 상태라면 아무 열매도 기대할 수 없다는 말이기도 하다.

토끼와 거북이의 일화 가운데 이런 이야기가 있다. 토끼와 거북이가 함께 길을 가다가 거북이가 실수해서 웅덩이에 빠져 버렸다. 토끼가 자신의 힘으로는 도저히 거북이를 도와줄 방법이 없기에 거북이에게 스스로 힘으로 빨리 빠져나오라고 말한다. 거북이가 아무리 해도 자신이 없어서 토끼를 향해 어차피 안 되는 일이니까 먼저 가라고 말했다. 그때 트럭이 빠르게 달려오고 있었다. 토끼는 놀라서

얼른 피했고 트럭도 지나갔다. 놀란 토끼가 거북이가 걱정되어서 가 보니 거북이도 이미 피하고 그 자리에 없었다.

우리가 못한다고 생각하는 것들이 사실은 다 할 수 있는 일들이다. 믿는 자에게는 능치 못할 일이 없다고 성경에서도 말하고 있지 않은가!

인생을 준비하는 자

벤저민 디즈레일리는 사람이 인생에서 성공하는 비결은 기회가 다가올 때 그것을 받아들일 준비가 되어 있는가, 그렇지 않은가에 달려 있다고 말했다. 우리가 살아가면서 쌓인 모든 것은 인간 됨됨이의 바탕이 된다. 그러므로 사람은 자신의 인격과 능력을 계발하는데 많은 시간을 투자해야만 한다. 자신이 원하는 것을 얻었다고 해서 인생이 성공하는 것은 아니다. 그릇이 준비되지 않았을 때는 아무리 좋은 것을 얻어도 내 것이 되지 않는다.

로또에 당첨된 대부분의 사람이 몇 년 만에 재산을 다 날리고 인생을 파멸로 몰고 가는 이유는 백만장자에 걸맞은 사고방식을 찾지 못했기 때문이다. 의사는 단돈 만 원을 벌기 위해 이미 수천만 원의 돈과 시간을 투자한 사람들이다. 우리는 인생을 위해 투자하고 준비하는 자들이 되어야 한다. 나를 위해 끊임없이 투자하면서 나를 귀중히 여기는 법을 배워야 한다.

　엘리자베스 퀴블러 로스의 명작 『인생수업』이나 『상실수업』이라는 책을 보아도 인생은 배움을 통해 늘 준비해야 함을 깨닫게 된다. 그러므로 우리는 성경을 통해 삶의 지혜를 배워야 하고 기도를 통해 미래를 준비해야 한다. 준비된 자만이 후회 없는 삶을 살아가기 때문이다.

인생의 길

우리 인생은 윷말을 쓰는 것과 같다고 한다. 지름길처럼 보이지만 길을 잘못 들면 죽기도 하고 멀리 돌아가더라도 안전한 길이 있다. 잘 나가다가도 어느 순간 보면 잡히는 위치에 와 있고 어쩌다 윷말을 업고 가면 의외로 빨리 목적지에 도착하기도 한다. 한 치 앞을 내다볼 수 없는 길 위에 서 있는 것이 인생이다.

그렇다면 우리는 어떤 길을 가야 가장 안전할까? 여기에 자신 있게 길을 열어 놓으신 분이 계신다. "내가 곧 길이요 진리요 생명이니 나로 말미암지 않고는 아버지께로 올 자가 없느니라"(요 14:6). 우리는 일상의 소소한 것들에서 사랑을 찾고 의미를 부여하면서 행복을 찾기도 하지만, 가장 지혜로운 자는 길 되신 예수님과 동행하며 모든 삶을 공유하는 자다.

요즈음은 최고의 웰빙(well-being)을 웰다잉(well-dying)으로 꼽는다. 죽음은 어떻게 우리에게 다가올지 모른다. 그러므로 지혜로운 자는 인생을 멋지게 내려놓고 우리의 영혼과 삶을 준비하는 것이다. 이러한 삶을 사는 사람은 업고 가는 옷말처럼 가장 빠르고 안전한 길로 가게 될 것이다.

인생의 블랙홀

우리가 인생을 살다 보면 가끔 자신이 블랙홀에 빠져 있음을 발견하게 된다. 사람마다 역경이 모두 같지는 않지만, 우리가 분명히 알아야 할 사실은 하나님께서는 우리의 시련 가운데서도 함께 계신다는 사실이다. 하나님께서 우리에게 바라시는 건 우리가 당하는 역경을 하나님의 관점에서 바라보는 훈련을 하는 것이다. 나 자신이 역경을 통과하면서 하나님의 창조 목적에 걸맞은 사람이 되기를 바라시는 것이다. 그러므로 우리는 인생을 살다가 블랙홀을 만날 때 하나님과의 관계를 재정립하는 게 중요하다.

혹시 나에게 하나님의 징벌을 받아 마땅한 죄악 된 습관이나 태도가 있는 게 아닌지 점검해 볼 필요가 있다. 대개 사람은 자신이 블랙홀에 빠지면 하나님이 나를 버리신 게 아닌가 하는 의심을 하게 된다. 그러나 시간이 지나면서 블랙홀에서만 깨닫게 되는 깊은 교훈을 얻게 되는 것 또한 사실이다.

바울은 고린도교회에게 "하나님의 어리석음이 사람보다 지혜롭고 하나님의 약하심이 사람보다 강하다"(고전 1:25)고 말했다. 그러므로 자신의 지식과 논리에 의지하지 말고 오직 하나님만 의지해야 한다. 그럴 때 우리에게 닥친 블랙홀이 결국 우리에게 영혼을 위한 부의 창고가 될 것이다.

인생의 폭풍이 불어올 때

하늘의 용자 '신천옹'이라는 새가 있다. 이 새는 알바트로스과의 바닷새인데 해상 조류의 천국인 오타고 반도의 툭 튀어나온 외진 곳에서 서식하고 있다. 이 새를 보기 위해 많은 관광객이 줄을 잇는다.

신천옹은 90cm 정도의 큰 새인데 날개를 펴면 3m가 넘는다. 그리고 80세 정도를 사는 장수 영물이다. 2년 정도 구애를 해서 배필이 되면 평생을 함께 산다. 또한, 바닷새 중에서 제일로 폭풍을 즐긴다. 바람이 없고 평화로운 날은 수면에서 휴식을 취하다가 바람이 강하게 불면 바람 끝에 올라가 바람에 몸을 맡기며 글라이딩을 한다. 자신의 날갯짓은 겨우 1% 미만이며 그냥 바람에 몸을 맡기는 것이다.

우리 신앙인들도 이런 삶을 살아야 한다. 인생의 폭풍이 불어올 때 두려워 떠는 것이 아니라 문제의 파도타기를 해야 하는 것이다. 그래야 안전한 목적지까지 도달하게 된다. 큰 문제가 다가오는 것은 그만큼 하나님이 나를 인정하신다는 증거다. 신천옹 새처럼 바람에 내 몸을 맡기듯, 전능하신 하나님께 내 몸을 맡겨야 한다. 성경은 말한다. "네 길을 여호와께 맡기라 그를 의지하면 그가 이루시고 네 의를 빛같이 나타내시며 네 공의를 정오의 빛같이 하시리로다"(시 37:5-6).

잃어버린 정체성

인디언들의 이야기 가운데 검은 독수리에 관한 이야기가 있다. 검은 엄마 독수리가 새끼 한 마리를 둘 곳이 마땅치 않아 들곰 새끼들 틈에 넣어 두었다. 독수리 새끼는 들곰처럼 멀리 날지도 못하고 매일 흙더미를 뒤지고 있었다. 그러던 어느 날 하늘을 보니 검은 독수리가 하늘을 훨훨 날고 있었다. 그때 옆에 있던 들곰이 말했다. "너는 꿈도 꾸지 마. 넌 저런 멋있는 새가 될 수 없어." 검은 독수리는 자신이 하늘을 날아 볼 생각조차 못하고 들곰처럼 살다가 죽었다. 사람도 마찬가지다. 그 사람의 생각이 그 사람을 움직인다. 그러므로 생각을 잘하는 것이 중요하다.

이 세상을 살면서 가장 중요한 것이 나 자신에 대한 정체성이다. 나는 누구인지, 어디서 와서, 왜 살며, 어디로 가는지를 분명히 알고 있어야 한다. 내 생각 속에 나를 가두어서는 안 된다. 자신의 현실을 운명으로 받아들이면서 자신을 포기하면서 사는 사람을 볼 때 안타깝기가 그지없다. 영적으로 높이 날 수 있는 엄청난 존재임에도 자신이 처한 환경만 바라보고 검은 독수리 새끼처럼 살아가는 어리석은 사람이 우리 주변에는 너무나 많다. 자신의 정체성을 찾지 못하고 육체적으로만 산다면 결국 검은 독수리처럼 한 번 날아 보지도 못하고 이 세상을 떠나게 될 것이다.

접속

　　우리가 인터넷을 접속하면, 눈으로 보이는 세계와 사이버 세계가 연결되어 서로 소통하게 된다. 접속이 되면 댓글도 쓰고 가상 세계에서의 주인공이 되어 가상 세계의 모든 것을 즐길 수 있게 된다.

　종교도 마찬가지다. 종교를 영어로 'religion'이라고 하는데, 어원은 끊어진 것을 다시 잇는다는 뜻이다. 아마도 아담과 하와의 범죄로 하나님과 인간의 단절된 관계를 다시 잇는 역할을 하는 것이 종교일 것이다.

　그렇다면 우리도 매일매일 하나님과의 접속이 있어야 한다. 하나님과 접속이 되어야 하나님 세계를 체험하게 되고 하늘나라의 기쁨을 맛볼 수 있게 된다. 그것이 기도다.

그리고 그 세계로 들어가는 패스워드는 성경 말씀이다. 그러므로 우리 기독교인에게 있어서 가장 중요한 것이 말씀과 기도다. 하나님의 말씀이 하나님의 세계로 들어가는 문이요, 기도를 통해 하나님과 소통을 하게 된다. 하나님은 어제나 오늘이나 영원토록 동일하신 분이며 세상이 아무리 변해도 하나님의 말씀은 일점일획도 변함이 없다. 그러므로 우리는 시대에 따라 변하는 허상을 붙들고 사는 어리석은 사람이 되어서는 안 된다. 오직 말씀과 기도로 나를 훈련하여 하나님께 인정받는 사람이 되어야 하겠다.

정보 에이즈

　　　　　　　　우리 인간의 구조는 복잡한 아날로그다. 오랜 세월이 지나도 본질이 바뀌지 않는다. 그럼에도 인간의 센서는 나날이 약해지고 있다. 사람은 원래 시력이 처음엔 5.0이었는데 시간이 흐르면서 문명의 개발에 의해 3.0이 되다가 2.0이 되더니 최근엔 1.5에 머무르게 되었다고 한다. 아프리카 오지에는 아직도 5.0의 시력을 가진 사람이 많이 있는데 그들은 망원경으로도 잘 보이지 않는 먼 곳의 야생동물도 정확히 알아보기도 한다. 후각이나 청각도 마찬가지다. 그러나 문명의 개발에 따라 그들의 삶 또한 패러다임이 달라지고 있다.

　요즈음에는 정보 에이즈에 걸려 있는 현대인이 많다.

"옛날에는 어쨌는데 요즈음에는 이래" 하면서 현실에 적응하지 못하고 비교 의식 속에서 원망하고 불평하는 사람들이다. 한마디로 의식을 과거에 두고 사는 사람들이다. 어떤 사람을 만나 대화를 하다 보면 과거의 고정관념에 사로잡혀서 자신을 꽁꽁 묶어 두고 있다. 생각이 시대의 변화를 좇지 못하고 머물러 있는 것이다. 예수님을 믿는 우리는 의식을 미래에 두고 살아야 한다. 정보 에이즈를 치료하기 위해 매일매일 꿈을 꾸면서 살아야 한다. 그것이 믿음이다.

존재의 가치

　　　　　이 세상에는 '물질적 인간'과 '영적 인간'이 있다. 물질적 인간은 모든 삶의 가치를 물질에 둔다. 골동품 수집가들은 누가 가장 멋있는 골동품을 가지고 있는가에 존재의 가치를 책정한다. 그러나 결국 죽을 때는 가지고 가지 못한다. 어떤 사람은 출신에 가치를 두는 사람도 있다. 자신의 가문과 명예를 소중히 여기고 스펙을 자신의 가치 중심에 두고 사람을 대하고 평가하기도 한다.

　한 사람이 호스피스 사역을 하다가 공군 대장 출신의 동창을 만났다. 너무나 반가워 뛰어가서 말했다. "오, 자네 어디가 불편해서 여기에 있는가?" 그러자 동창이 말한다. "여보게. 내가 과거 공군 대장까지 했는데 이렇게 살아서

뭐하겠는가. 차라리 내가 빨리 죽을 수 있게 나를 도와주게." 그는 늙어서도 자신을 비우지 못하고 과거에 매여 살아가고 있었다. 이런 사람은 과거형 사람으로 미래를 설계할 수도 없을 뿐 아니라 결국 쓸모없는 인간으로 전락하게 된다.

  이 세상에서 구하는 모든 것은 허상에 불과하다. 가장 중요한 것은 내 속에 '하나님의 형상'이 있는가에 존재 가치를 두어야 한다. 그런 사람은 이 세상에서 기쁨과 감사로 살 뿐 아니라 천국의 소망을 갖게 되는 것이다.

주님의 칭찬

요즈음은 칭찬 시대다. "칭찬은 고래도 춤추게 한다"는 논리에 힘이 보태지면서 사람들은 마음이 없더라도 일단 칭찬부터 한다. 칭찬을 너무 흔하게 하다 보니 진심을 놓쳐 버리기 일쑤다. 그리고 누군가의 진심 어린 충고조차도 바른말을 하면 외면해 버리고 그를 멀리해 버리는 습성이 생겨나게 되었다. 그러다 보니 자기가 듣고 싶은 말만 들으려고 하는 게 현대인의 특징이다.

우리는 이런 유혹에 빠지지 말아야 한다. 누군가가 당신의 성취를 거창하게 얘기하면 그것을 받아들이기는 하되 깊이 새기지는 말아야 한다. 다시 말하면, 지나친 겸손이나 자만심을 피해야 한다. 만약 누군가가 당신을 칭찬하면

"고마워요"라고만 말하는 게 바람직하다. 그 이유는 우리가 구해야 할 칭찬이 따로 있기 때문이다.

우리가 구해야 할 칭찬은 상대방의 호의를 사기 위해 입에 발린 일시적인 칭찬이 아니다. 예수님께로부터 "잘하였도다 착하고 충성된 종아"라고 칭찬을 받아야 한다. 우리가 사람들로부터 찬사를 들으려고 애쓰는 것은 하나님의 것을 가로채는 것임을 알아야 한다. 우리의 찬사는 하나님께 돌리고 우리는 주님으로부터 칭찬을 받아야 한다. 칭찬하는 대상이 누군가에 따라 결과는 엄청나게 다르다. 사람의 칭찬보다 주님의 칭찬을 받아서 영과 혼, 그리고 육이 형통해지는 복된 사람이 되기를 기대해 본다.

주목 시대

세상은 그야말로 빛의 속도로 변하고 있다. 속도에 익숙하지 못한 아날로그 세대와 속도에 적응하고 있는 디지털 세대가 소통의 문제로 갈등하고 있다. 이 세대 간의 갈등은 가정뿐만 아니라 사회에까지도 문제가 되고 있다.

아날로그 세대는 나이를 먹었다는 이유로 소외되기를 원치 않고 젊은 세대는 훈계받기보다는 인정받고 싶어 하기에 고양이와 개처럼 서로 하나가 되지 못하고 있는 것이 오늘날의 실정이다. 과거에는 겸양의 미덕이라 하여 자신을 나타내지 않거나 아예 신비주의를 고집함으로 자신의 유명세를 이어갈 수 있었다. 그러나 요즈음은 신비주의가

통하지 않는다. 한마디로 튀어야 산다. 자신을 어필하기 위해 미친 존재감을 나타내기도 한다. 요즈음 대세인 예능을 보아도 자기에게 주목을 끌기 위해 상대방을 궁지에 몰아넣는 것쯤은 아무렇지도 않게 생각하는 것 같다.

우리는 무엇을 주목해야 할까? 우리는 세상을 주목하고 본받는 자가 되어서는 안 된다. 그것은 결국엔 허상이기 때문이다. 예수님께서 당신의 제자들을 세상으로 내보내실 때 하신 말씀이 뱀처럼 지혜롭고 비둘기처럼 순결하라고 말씀하셨다. 어제나 오늘이나 영원토록 동일하신 길이요, 진리요, 생명 되신 하나님의 말씀에 주목하여 뱀처럼 지혜롭게 살아야 한다.

내게
능력 주시는 자 안에서
내가 모든 것을
할 수 있느니라

mustard seed

IV

·

새들이
와서 쉬다

지혜로운 사람

　　　　　　인생에서 성공이란 과연 무엇인가? 재산을 많이 소유하고 명예와 지위가 있다고 그 사람이 성공한 사람이라 할 수 있을까? 그것은 단지 외향적인 액세서리에 불과할 뿐이다. 성공이라고 말할 수 있는 삶은 자기 스스로 행복을 느끼면서 사는 사람들의 삶이다.

　경쟁 사회에서 우리는 누군가를 이겨야 한다고 생각한다. 하지만 사실 진실로 이겨야 하는 상대는 다른 사람이 아니라 자기 자신이다. 나보다 남을 낫게 여기며 마음의 평화를 누리는 사람, 자신을 지키고 더 나은 내일을 만드는 사람, 이런 사람은 자신의 삶을 행복하게 만드는 지혜로운 사람이다. 빌립보서 2장 5-7절에도 보면 "너희 안에이 마음을 품으라 곧 그리스도 예수의 마음이니 그는 근본 하나님의 본체 시나 하나님과 동등됨을 취할 것으로 여기지 아니하시고 오히려 자기를 비워 종의 형체를 가지사 사람들과 같이 되셨고"라고 기록하면서 예수님의 겸손한 인격을 어필하고 있다. 참 하나님이시지만 사람을 얻기 위해 사람들과 같이 되신 것이다. 이것이 우리가 이 세상을 살아가면서 갖추어야 할 가장 중요한 인격이다.

오늘날 사람들은 겸손을 가장한 자랑을 하는 시대다. 그러나 지혜로운 사람은 자신을 비워 종의 형체로 섬김을 실천하는 사람이며 이런 사람이 성공적인 삶을 사는 것이다.

진실한 친구

대학에서 강의까지 한 사람이 스스로 자기 목숨을 끊었다. 그의 갑작스러운 죽음으로 장례식장에 많은 사람이 몰려왔다. 아이러니하게도 그가 죽기 전, 친구 4명에게 새벽 두 시에 전화를 했지만, 전화를 흔쾌히 받아 준 사람이 아무도 없었다고 한다. 그들은 싸늘하게 식어버린 친구의 죽음을 앞에 두고 말했다. "만약 나라도 그때 전화를 받았으면 어떠했을까?" 그 일이 있은 후 만약 새벽 두 시에 전화를 했을 때 전화를 흔쾌히 받아 주고 뛰어와 줄 친구가 몇이나 있는가를 묻게 되었다는 이야기다.

서울대학교 문형민 박사는 "자신의 속내를 마음껏 드러낼 수 있는 진실한 친구 한 명만 있어도 그 사람은 불행하지 않다"고 말했다. 그만큼 친구라는 존재는 소중하다. 나와 진정한 소통을 이루고 함께 공감할 수 있는 친구, 그런 친구가 반드시 있어야 한다. 사회적 유대가 고립될수록 사회 구성원들의 건강은 더욱 나빠지고 사망률이 높아진다. 노인들이 요양원에 모셔다 놓으면 빨리 죽는 이유가 그래서다. 그 속에서는 건강한 유대 관계가 이루어지지 않기 때문이다.

  요한복음 15장 15절에는 예수님께서 나의 친구가 되어 주신다고 말씀하셨다. 변함없이 진실한 친구, 하나님을 친구로 얻은 자야말로 세상에서 가장 행복한 사람인 것이다.

진정한 교육

 슈바이처 박사에게 성공적인 자녀 교육에 대해 세 가지를 말해 달라고 했다. 그때 슈바이처 박사는 "첫째도 본보기요, 둘째도 본보기요, 셋째도 본보기"라고 했다. 인생을 성공적으로 사는 사람은 자녀 교육에도 성공한다는 말이 있다. 인생에 성공하는 사람은 끊임없는 자기 계발을 하기 때문에 생활에서 보이는 모범이 결국 자녀를 성공으로 이끈다는 것이다.

 고 강영우 박사는 자신의 두 아들이 시각장애인 아버지를 보면서 혹시라도 자신을 시각 장애가 아닌 능력 장애로 볼까 봐 자녀들에게 부정적인 생각을 심지 않기 위해 본을 보였다고 했다. 비록 운전이나 공놀이는 못하지만 캄캄

한 밤에 불을 끄고 동화책을 읽어 줄 수 있음을 일깨워 주면서 긍정적 사고를 심어 주었다. 장애는 모습이 다를 뿐이며 진정한 장애는 마음의 장애임을 일깨워 주었다. 그의 두 아들은 현재 어느 자녀들보다 아버지를 존경한다. 장남은 미국에서 '떠오르는 별'이라는 안과계의 지도자상을 받았고, 차남은 연방 상원 본 회장에서 민주당 원내 총무 수석 법률 보좌관으로 일할 정도로 훌륭한 인재로 자랐다. 예수님도 말씀하셨다. "너희는 나를 본받는 자가 되라." 진정한 교육은 본을 보이는 것이다.

진정한 힐링

요즈음 많은 사람이 쓰는 용어 가운데 이슈가 되는 말이 '힐링'이라는 말이다. 몸도 마음도 치유 받고자 하는 간절함이 있기 때문이다. 현대인 중에는 과거처럼 배고파서 죽는 사람보다 마음의 병으로 자살하는 사람들이 더 많다. 이제 자살은 우리나라의 사회문제로 대두하면서 인성 교육의 부재를 뼈저리게 느끼는 시대가 되었다. 지식은 가르쳤지만, 상식은 가르치지 않은 입시 위주의 교육이 가슴을 치게 하는 것이다.

언제부터인가 우리나라는 웰빙 바람이 불면서 저마다 건강을 생각한 나머지 오가닉(organic, 유기농)을 선호하게 되었다. 농약을 치지 않은 건강한 식품을 먹기 위해서다. 그런데 요즈음은 오가닉에서 2% 부족한 것을 채우고자 자연 그대로인 로가닉(rawganic)을 찾는 시대가 되었다. 화장품도 천연 그대로의 로가닉 화장품을 선호하는가 하면, 여행도 로가닉 투어를 선호한다. 개발이라는 명목으로 포장하거나 인위적으로 꾸민 것보다 자연 그대로의 모습을 더 선호하는 것이다. 그러다 보니 이제는 정신적으로도 로가닉을 중요시한다.

진정한 로가닉 힐링은 하나님의 말씀에서 찾을 수 있다. 태초에 천지를 창조하시고, 당신의 형상대로 인간을 만드신 그분과의 만남이 이루어질 때 우리는 몸도 마음도 함께 힐링 되는 것이다.

최선을 다해야 하는 이유

아프리카의 세렝게티 초원에는 사자와 톰슨가젤이 함께 살아간다. 초원에서 그들이 날마다 달리는 것을 볼 수 있다. 사자는 굶어 죽지 않기 위해 열심히 달리고 톰슨가젤은 잡아먹히지 않기 위해 열심히 달린다. 동물의 세계를 보면서 삶과 죽음의 차이는 달리느냐, 멈추느냐에 달려 있음을 깨닫게 된다.

「애니 기븐 선데이(Any Given Sunday)」라는 영화에 보면 미식축구의 디마토 감독을 맡은 알파치노가 게임의 마지막 5분을 남기면서 작전타임에서 명연설, 명대사를 하는 장면을 보게 된다. "여러분, 인생과 축구는 같습니다. 몇 인치를 더 나가느냐에 성공이 달려 있습니다. 인생이건 풋볼

이건 오차 범위는 반걸음만 늦거나 빨라도 성공할 수 없고 모든 일에는 몇 인치가 문제입니다"라고 말하면서 승리보다 팀이 하나가 된 정확한 인치를 강조하는 모습을 보게 된다.

  그렇다. 우리는 최고가 되려고 하지만, 인생에서 최고보다는 최선이 더 중요하다. 그리고 '나 하나만'이 아니라 '우리 모두'가 중요하다. 성경에도 보면 삶과 죽음의 차이가 한걸음 차이라고 다윗이 말하지 않았던가. 우리는 모든 순간순간이 내 생애 마지막인 것처럼 생각하면서 최선을 다하는 삶을 살아야 하겠다.

칭찬과 인정

'노시보 효과'라는 것이 있다. 사람들에게 집단으로 아무 약효가 없는 약을 투여하면서 두통을 일으키는 약이라 했더니 실제로 70%가 두통이 생겼다고 한다.

사람이 부정적인 감정과 사고를 갖게 되면 뇌가 부정적인 이미지를 만들어 낸다. 그리고 이러한 부정적 이미지는 실제 삶에서 부정적 행동을 낳는다.

연기자들이 수개월 동안 역할극을 하다 보면 어느 순간 그 감정에서 자신이 헤어 나오지 못하는 경우가 있다. 그래서 지혜로운 사람은 그 역할이 끝나고 나면 정신과에 가서 자신의 감정을 치유하고 회복한다. 그래야 일상을 살아가는 데 불편하지가 않기 때문이다. 그러나 그 감정 그대로 지내다 보면 자기도 모르게 그 감정이 그 사람을 붙잡고 놓지 않는다.

부정적 감정을 긍정적 감정으로 바꾸는 가장 좋은 방법은 칭찬과 인정이다. 부정적인 감정은 사고의 폭을 좁히지만, 긍정적인 감정은 사고를 확장하기 때문에 창의적으로 문제를 해결할 수 있는 능력이 생긴다. 그래서 칭찬과 인정은 삶에 만족을 주는 요인이 되는 것이다.

사람은 자신을 인정하는 자에게 충성하게 되어있다. 왜냐하면, 자신을 인정해 주면 일하는 데 불만을 느끼지 않게 되어 최선을 다하게 되고 일에 몰입함으로 위대한 성과를 나타내는 것이나. 그러므로 살아가면서 칭찬과 인정에 인색해서는 안 된다. 칭찬과 인정은 상대를 춤추게 하기 때문이다.

크리스마스 추억

크리스마스의 뜻은 '그리스도(Christ)께 드리는 미사(mass)'라고 한다. 크리스마스가 되면 모든 사람의 마음이 설레고 사랑하는 이와 선물을 주고받으며 행복한 하루를 보내기를 원한다. 또 어릴 적에는 양말을 문 앞에 걸어 두고 산타할아버지를 기다린 기억도 있다.

크리스마스가 시작된 것은 AD 336년 이교도들이 원래 태양신의 생일로 지킨 12월 25일을 성탄절로 지키게 되면서 시작되었다. 성탄절이 되면 양말을 걸어 두는데 산타클로스로 알려진 성 니콜라스가 가난한 집에 돈을 던져 주었는데 마침 빨아 놓은 양말에 들어가게 된 것이 유래가 되었다. 그 후부터 성탄절이 되면 선물을 기다리는 마음에서 사람들이 양말을 걸기 시작한 것이다.

크리스마스 트리 장식은 독일의 북쪽 브레멘에서 시작되었다. 수공업에 종사하는 사람들이 나무를 세워 놓고 종, 꽃, 과자, 그리고 과일 등으로 장식을 하면서 시작된 것이다. 이후 프랑스와 북유럽까지 전파되어 오늘에 이르게 된 것이다. 그리고 크리스마스 전날 밤, 마르틴 루터가 별이 가득한 하늘 아래 서 있는 상록수를 보니 마치 상록수가 하나님을 향하는 것 같았다고 한다. 그래서 상록수를 가져와 집안에 두고 장식을 매달아 둔 것이 트리의 시작이 되었다고 전해오기도 한다.

지금도 브레멘에 가면 크리스마스 시장이 열린다. 오늘날 전나무나 침엽수에 장식을 하는 것은 생명력을 상징하기 때문이다. 올해도 하나님의 은혜를 기억하며 크리스마스 트리에 소원을 매달아 보면 기억에 남는 크리스마스가 될 것 같다.

타는 목마름으로

　　　　　　　모든 사람은 순간순간 목마름을 느끼며 산다. 과거 1970년대 김지하 시인은 민주주의를 목말라하며 민주주의에 대한 갈증으로 『타는 목마름으로』라는 시집을 내기도 했다. 이어령 박사도 자신을 '평생 우물을 파는 사람'이라고 말하면서 자신이 늘 목말라 있었음을 시사했다. 그는 뭔지 모르지만 무언가에 대한 갈증이 늘 있었다고 말했다.

　그는 자기 인생의 목마름을 이렇게 고백했다. 명예를 달라고 글을 썼더니 명예가 생겼고, 돈을 벌려고 애쓰니까 돈이 생겼다. 또 병 때문에 병원에 다니니까 병이 나았다. 그런데 어느 날 무엇을 해도 마음에 채워지지 않는 '혼자'

라는 절대 고독에 괴로워하고 있었다. 그런데 어느 순간 바로 그 갈증이 진리에 대한 갈증이요, 창조주에 대한 목마름임을 깨닫게 되었다고 한다. 수없이 우물을 파며 광야를 통과한 후 샘물을 만나게 된 것이다. 세상의 부귀영화, 공명으로 채워지지 않았던 목마름이 신앙을 통해 해갈한 것이다.

요한복음 4장 14절에 보면 삶에 목말라 있는 사마리아 여인에게 예수님께서 이렇게 말씀하셨다. "내가 주는 물을 마시는 자는 영원히 목마르지 아니하리니 내가 주는 물은 그 속에서 영생하도록 솟아나는 샘물이 되리라." 근원적 목마름, 이 목마름은 예수 그리스도를 통한 성령님의 생수가 넘쳐흐를 때만 해갈이 되는 것이다.

통찰력

　　　　　　　통찰력이란 사물과 현상을 환히 꿰뚫어 아는 능력을 말한다. 요즈음 인문학이 뜨고 있는데 그 이유는 인문학이 통찰력을 길러 주기 때문이다. 리더의 최고 덕목 또한 역사적 통찰력이라고 말하기도 한다. 본질을 꿰뚫어 보는 통찰력, 이것이야말로 현대를 살아가는 우리에게 가장 중요한 것이다.

　사실 21세기를 살아가는 우리는 검색한 지식에 의존해서 살아간다. 과거처럼 독서를 하지 않고 스마트폰만 껴안고 살아가는 실정이다. 인터넷을 통해 정보를 공유하기 때문에 그 사람의 의식이 열리긴 하지만, 반면에 너무나 많은 정보를 접하면서 판단력이 흐려지기도 한다. 그래서 미래에는 정보의 공유보다 그 정보를 사용할 수 있는 능력을 높이는 자가 성공적 삶을 살게 된다. 그것이 바로 통찰력이다. 정보가 많아질수록 제대로 된 지식 찾기가 어려워 오히려 혼란스럽다. 지식은 공유할 수 있지만, 지혜는 개인의 영역이다.

통찰력이나 지혜는 인터넷을 통해 오는 것이 아니라 하나님께로부터 오는 것이다. 누가복음 9장 20절에 보면 예수님을 두고 어떤 이는 세례 요한이라 하고 더러는 엘리야라 하고 더러는 옛 선지자 중의 한 사람이 살아났다고 말할 때 베드로가 자신의 위대한 통찰력을 발휘하는 장면이 나온다. "하나님의 그리스도시니이다." 이것이 통찰력이요, 하나님의 말씀을 통해 얻게 되는 지혜인 것이다. 우리는 이 지혜를 구하는 자가 되어야 한다.

트렌드를 읽는 통찰력

전 문화부 장관을 지냈던 이어령 씨는 '백남준에게 배우는 창조 경영'에 대해 강연하면서 사람은 세 가지 유형으로 나누는데 물고기 중에서 넙치형, 참치형, 날치형이 있다고 비유했다. 넙치는 평생 땅바닥에 누워 기어 다니는 물고기다. 넙치형은 자신이 변하지 않고 세상이 바뀌기만을 바라서 곁눈질하는 사람을 말하는데 실제로 넙치 눈이 한쪽으로 몰려 있다. 참치는 덩치가 커서 수영을 하지 않으면 죽기 때문에 참치형은 잠을 잘 때도 일을 할 정도의 일벌레를 말한다. 그러나 날치는 바다 속도 모자라 바다 위를 날아 튀어나오는 물고기로서 바로 세상을 넘어 시대를 초월하는 비상함을 가진 사람, 곧 어느 장소를 막론하고 생각이 깨어 앞서가는 사람을 날치형이라 말한다. 『메가트렌드 2010』의 저자 패트리셔 애버딘은 "삶이 복잡해질수록 사람들은 정신의 가치에 집중한다"고 말한다. 미래는 숫자나 도표가 아닌 정신이 자본주의를 변화시킬 거라는 것이다.

지금이야말로 영적으로 깨어 있는 사람이 되어야 할 때다. 4차원의 영성을 가져야 할 때인 것이다. 믿음이야말로 기적을 이루는 열쇠이기 때문에 생각과 믿음을 가지고 꿈을 잃지 말고, 늘 긍정적이고 적극적이며 생산적이고 창조적인 말을 통해 말씀의 기적을 이루는 그야말로 트렌드를 읽어내는 능력을 가져야 할 것이다.

편지

요즈음은 인터넷 시대라 이메일이나 문자로 소식을 전하지만, 과거에는 빨간 자전거를 탄 집배원이 전해 주는 편지를 통해 소식을 전했다. 편지는 항상 감동을 준다. 오늘날도 텔레비전에서 어머니의 손편지나 영상편지를 받고서 눈시울을 적시는 모습을 많이 볼 수 있다.

유대인 어머니들은 결혼을 앞둔 딸에게 다음과 같은 편지를 보낸다고 한다. "딸아! 네가 만일 남편을 왕으로 섬긴다면 너는 분명 여왕이 될 것이다. 그러나 만일 남편을 돈이나 벌어 오는 하인으로 여긴다면 너도 하녀가 될 뿐이다. 또 네가 지나친 자존심과 고집으로 남편을 무시하면 그는 폭력으로 너를 다스릴 것이요, 혹 남편의 친구나 가족이 방문해도 네가 밝은 표정으로 정성껏 대접하면 남편이 너를 소중한 보석으로 여길 것이다"라는 내용의 글이다. 진실로 부모가 자녀로 하여금 세상을 지혜롭게 살아가라는 조언을 하는 한 단면을 보여 주는 글이기도 하다.

성경에도 보면 우리에게 편지를 쓴 사람이 있다. 그 사람은 바로 사도 바울이다. 바울은 자신이 전도 여행 때 세운 교회들에게 사랑을 가지고 쓴 편지가 있는데 바로 예수님께서 우리 죄를 대속하셔서 구속함으로 '테텔레스타이'(다 지불하심)를 통해 우리는 의인이 되었다는 감동적인 글이다. 그 감동으로 인해 매 순간 감사로 넘쳐나기를 바란다.

하나님께 감사를

체코 작곡가 안토닌 드보르작의 교향곡 9번 「신세계로부터」가 지금까지 많은 사람에게 감동을 주고 있다. 특이하게 그 작품에서 꼭 빠지지 않는 말이 있는데 "하나님께 감사를"이다. 드보르작은 그의 작품이 세상에 나오게 하신 하나님의 인도와 은혜에 감사하지 않을 수 없어서 작품을 끝맺은 다음에 꼭 "하나님께 감사를"이라는 말을 기재해 넣었던 것이다.

하나님께 감사하는 삶이 몸에 밴 사람을 보면 그 사람의 신앙의 뿌리가 튼실하게 내려져 있음을 보게 된다. 아름다운 꽃을 보면서 우리는 꽃의 아름다운 모습에 도취하는데 사실 그 꽃을 붙잡고 있는 것은 뿌리다. 뿌리에 생명의 원

천이 있는 것이다.

　마찬가지로 우리 삶의 뿌리는 우리를 지으신 하나님께 있다. 창세기 1장 27-28절에 보면 하나님이 자기 형상대로 사람을 창조하시고 그들에게 복을 주시며 생육하고 번성하여 땅에 충만하라고 말씀하셨다. 또 땅을 정복하고 모든 생물을 다스리는 복을 주셨으며 온 지면에 씨 맺는 모든 채소와 씨 가진 열매 맺는 모든 나무를 우리들의 먹을거리가 되게 하셨다. 그러므로 우리는 하나님께 감사드리는 것을 잊어서는 안 된다. 생사화복의 주관자가 하나님이 되시기 때문이다. 가슴에 새기자. "하나님께 감사를."

하나님의 소원

　　　　　　　　10세기 스칸디나비아 지방을 통일했던 블루투스 왕은 효성이 지극한 왕으로 알려져 있다. 그가 왕위에 오르자 아버지의 소원을 이루어드려야겠다는 생각에 아버지의 생전 소원인 노르웨이와 덴마크를 피 흘리지 않고 통합했다. 또 그 시대는 바이킹 전성시대였는데 바이킹이 죽으면 노예를 함께 죽게 하는 순장 풍습을 없앴다. 그는 어떻게든 국민의 생활개선을 위해 노력을 기울였고 덴마크 사람들에게 좋은 왕으로 불리게 되었다.

　요즈음 무선통신 분야를 통일한다는 의미로 컴퓨터나 통신의 통합을 상징할 때 블루투스라 부른다. 노트북이나 휴대전화에서도 무선 연결 표준에 그의 이름을 붙여 블루투스라 부른다.

  우리의 신앙도 그렇다. 하나님과 우리의 연결 고리는 기도다. 우리는 기도를 통해 하나님을 만나고 기도를 통해 그분의 뜻을 알게 되는데 하나님의 소원은 당신 자녀들의 영혼이 잘되는 것이다. 영혼이 잘 되어야 범사가 잘 되고 건강한 삶을 살게 된다. 4차원의 영성은 3차원의 환경을 지배하기 때문에 보이지 않는 영적 생활이 그만큼 중요한 것이다. 하나님의 소원이 나의 소원이 되기를 기대해 본다.

하나님의 손에 붙잡힌 사람

오스트리아의 한 작은 마을에 벼룩시장이 열렸다. 이곳에서 어떤 사람이 먼지가 가득한 바이올린을 경매에 올렸고 그것을 3달러에 사겠다는 사람이 나왔다. 그러자 한 노인이 손을 들더니 자신이 그 바이올린을 한번 연주해 봐도 되겠느냐고 물었다. 그 노인은 바이올린의 먼지를 닦고 줄을 튜닝한 후 멘델스존의 바이올린 협주곡을 매우 아름답게 연주하는 것이었다. 모든 사람이 감동하였고 길 가던 사람들의 발걸음을 멈추게 했다. "내가 3천 달러에 사겠소." 결국, 그 바이올린은 3천 달러에 팔렸다. 이와 마찬가지로 사람은 누구에게 쓰임받느냐에 따라 가치가 달라진다.

나의 지나온 날을 돌아보아도 그렇다. 내가 세 살 되던 해, 아버지는 7남매를 남겨두고 세상을 떠났다. 어머니는 돈을 벌어야 하셨기에 나를 고아원에 맡기셨다. 8살 때 어머니가 다시 나를 집으로 데리고 가셨지만, 나는 5학년 때부터 돈을 벌어야 했다. 우유 배달도 하고 신문 배달도 했다. 또 구두도 닦았다. 어머니는 교회 사찰 집사로 일하셨는데 어머니가 자식들을 위해 해 줄 수 있는 일은 기도하는 일뿐이었다. 하루도 빠짐없이 새벽기도를 드리면서 눈물로 기도하셨다. 그로 인해 우리 형제는 모두 다 하나님의 손에 붙잡혔다. 만약 어머니의 기도가 없었다면 나는 세상에서 어떤 가치로 살아가고 있을까! 하나님의 손에서 연주되고 있는 나를 생각하면서 늘 감사할 뿐이다. 그래서 초심을 잃지 않으려고 노력하고 있다.

하인리히 법칙

하인리히 법칙은 1931년 허버트 윌리엄 하인리히가 펴낸 산업재해 예방을 과학적으로 접근한 책에서 소개한 법칙으로, 대형 사고가 일어나기 전에 반드시 전조 증세가 있음을 말하고 있다. 하인리히에 의하면 대형 사고가 발생하기 전에 그와 관련된 수많은 경미한 사고와 징후가 존재한다는 것이다. 다시 말하면 큰 사고는 우연히 어느 순간 갑작스럽게 발생하는 것이 아니다. 여러 번의 경고성 징후들이 있지만 안전 불감증으로 묻히고 마는 것이다.

우리가 세상을 살아가면서 당하는 여러 가지 문제는 반드시 전조 증세가 있기 마련이다. 이는 경제도 마찬가지다. 파산한 기업은 파산 전 위험 징후가 보이다가 대형 사고가 터지게 된다. 건강도 전조 증세를 무시하고 지나다가 고칠 수 없는 큰 병에 걸리게 된다.

우리의 신앙생활도 마찬가지다. 주일을 범하고, 하나님의 말씀을 무시하고 살다 보면 처음엔 그럭저럭 지나가는 것 같다. 그러나 얼마 지나면 경고성 징후들이 생겨나게 된다. 이때 자신의 삶을 보수하지 않고 무시하면 결국 돌이킬 수 없는 대형 사고를 당하게 된다. 잠언 10장 23절에 보면 "미련한 자는 행악으로 낙을 삼는 것 같이 명철한 자는 지혜로 낙을 삼느니라"고 말씀하셨다. 하나님의 작은 소리에도 귀를 기울일 수 있는 지혜로운 자들이 되기를 바란다.

행복은 준비된 자의 것

걸레 한 장으로 인생을 바꾸는 마쓰다 미쓰히로의 『실전 청소력』이라는 책에 보면, 행복해지기 위해서는 주위를 행복하게 만드는 것이 우선인데 그러기 위해서는 청소를 열심히 하라고 한다. 청소는 마음을 정화하는 출발점이요, 인생을 호전시키는 힘이 있기 때문에 매일매일 일에 쫓겨 청소를 미루게 되면 자신의 삶을 돌볼 겨를이 없어지게 된다는 것이다. 또 더러워진 곳에 계속 쓰레기가 쌓이면 악순환이 반복되지만, 청소를 하게 되면 좋은 기운이 흐르게 되어 청소력에 의한 자장(磁場)의 개선과 마음의 개선으로 파워풀한 삶을 살게 된다는 것이다.

정신 질환의 징조는 방을 청소하지 않는 것에서부터 시

작된다. 방의 상태가 그의 정신 상태인 것이다. 그래서 저자는 5가지 스텝의 마이너스를 제거하는 청소력을 말했는데 환기, 버리기, 오염 제거, 정리 정돈, 그리고 볶은 소금을 꼽았다. 제일 먼저 환기를 통해 마이너스 에너지를 쫓아내고 새로움을 창조하기 위해 불필요한 것은 버려야 한다. 또 더러움을 제거하고 정리 정돈을 잘해서 있어야 할 곳에 있게 할 때 볶은 소금처럼 안정된 자장의 완성이 이루어진다는 것이다.

예수님도 말씀하셨다. "입에서 나오는 것들은 마음에서 나오나니 이것이야말로 사람을 더럽게 하느니라"(마 15:18). 늘 새롭게 살기 위해 가장 먼저 마음 청소를 했으면 좋겠다.

향기 나는 삶

　　　　사람들은 길을 가다가 노숙자를 만나면 피한다. 그 이유는 그 사람에게서 나는 악취 때문이다. 사람은 본능적으로 향을 좋아한다. 꽃을 좋아하는 이유도 꽃의 아름다움 때문이기도 하지만, 향기 때문이기도 하다.

　오늘날 세계적으로 호평을 받는 향수는 발칸산맥의 장미에서 나온다고 한다. 그 향이 너무나 좋아서 사람들이 찾게 만드는데 발칸산맥의 향수 제조자는 반드시 한밤중에 장미를 딴다고 한다. 그 이유는 한밤중에 가장 향기로운 향을 발산하기 때문이다. 태양이 비취는 시간에는 40%의 향이 감소하기에 어둠 속에서 장미를 딴다는 것이다.

　우리 인생도 마찬가지다. 외적인 모습으로는 그 사람의

됨됨이를 잘 알 수 없다. 그러나 어려움이 닥치고 고난을 통과할 때 향기를 발하게 된다. 예술의 핵심은 무엇일까? 그것은 고난이다. 삶의 근본적인 문제에 대한 고찰의 결과물이 예술이다. 고려의 청자나 조선 시대의 백자가 우아한 자태를 유지하는 것은 고난을 통과한 희망을 품고 있기 때문이다.

   우리는 살면서 여러 가지 수많은 어려움을 당하지만, 이것이 평범한 일임을 인식해야 한다. 어둠과 밝음은 늘 존재하는 것이다. 어둠을 이기기 위해서는 어두울 때는 그냥 편안하게 자는 것이 상책이다. 깊은 잠을 자고 나면 어느덧 어둠이 걷히고 환한 아침이 올 것이다. 그리고 내 삶에 향기가 나면 분명 나비와 벌은 몰려올 것이다.

현려 리더십

현명하고 배려 있는 리더십을 '현려 리더십'이라고 하는데 대표적인 사람을 꼽으라면 빌 게이츠를 꼽을 수 있다.

빌 게이츠 하면 가장 먼저 생각나는 것이 마이크로소프트 회사의 사장이다. 그는 2007년 미국 ABC 뉴스가 선정한 세계에서 가장 영향력 있는 인물로 뽑혔다. 그 이유는 그의 리더십이 빛을 발했기 때문이다. 그는 자기 재산 절반을 아내가 운영하는 빌 앤드 멜린다 게이츠 재단에 기부해 사회사업을 위해 쓰이기를 원했다. 뿐만 아니라 기업인으로서 그는 매일 300통의 메일을 확인하고 답하는 성실함을 보였다. 가정에서는 인자한 아버지로서 식탁에서의 대화를 중요시했다. 그는 아들에게 운명이란 없다고 강조하면서, 어떤 생각으로 삶을 설계하고 개발해 나가느냐에 따라 인생이 달려 있다고 가르쳐 올바른 가치관을 가질 수 있도록 교훈했다. 이런 훌륭한 삶의 모습을 보고 워런 버핏 또한 빌 게이츠의 재단에 재산을 기부하겠다고 했다니 이 사람이야말로 진정으로 성공한 사람이 아니겠는가!

현대를 살아가는 진정한 부자는 남을 위해 자신을 줄 수 있어야 한다. 그것이야말로 예수님의 리더십이다. 예수님은 하나님의 아들이시지만, 죄인들을 위해 스스로 사람이 되셨다. 그분은 십자가에 못 박혀 죽기까지 인간의 죄를 대신 지시고 십자가로 승리하신 분이시다. 예수님의 리더십을 우리는 배워야 한다. 작은 것 하나도 남을 배려하는 겸손함을 하나님께서 기뻐하시기 때문이다.

황무지가 장미꽃같이

우리가 인생을 살다 보면 황량함과 침묵 속에 홀로 있는 느낌을 받을 때가 있다. 이런 경험을 한 사람들은 '광야에 버려진 느낌'이라고 말한다. 광야! 일반적으로 광야라 함은 사람이 살 수 없는 황무지 같은 장소로 생각한다. 그러나 성경을 통해서 볼 때 광야는 사람이 하나님을 만나는 장소다. 결국 하나님을 만나 상황이 역전되는 장소가 광야인 것이다.

다윗이 왕권을 가로채려던 아들 압살롬을 피해 망명 생활을 할 때 그는 유대 광야에서 시편 63편을 썼다. 또한, 요셉도 13년 광야 경험을 통해 자신이 깨어지게 되었고 하나님을 의지해야만 살 수 있다는 굳건한 믿음이 생겼다. 하나님께서 이스라엘 백성을 애굽에서 광야로 부르신 까닭 또한, 하나님의 말씀을 들을 수 있게 하기 위함이었고, 스스로는 아무것도 할 수 없음을 깨닫게 하는 것이었다. 하나님은 그들이 메추라기와 만나를 통해 하나님의 사랑을 체험하게 하셨다. 우리가 알아야 할 것은 하나님께서 광야를 통해 하나님의 살아 계심을 보게 하신다는 것이다.

지금 당신은 어떤 광야를 통과하고 있는가. 사업의 실패, 질병의 고통, 가정의 문제, 직장의 문제 등 어떤 광야에서 있던지 그곳이 하나님을 만나는 곳이 되기 바란다. 분명 황무지에 장미꽃 피듯 여러분의 삶이 밝고 환하게 변하게 될 것이다.

희망을 스캔하라

　　　　　오스트리아의 정신과 의사인 빅터 프랭클은 원래 운명론자였다. 그는 제2차 세계대전 당시 나치 수용소로 보내져 죽음의 공포 속에서 지냈다. 누구라도 절망할 수밖에 없는 비참한 광경을 눈으로 보았다. 그가 갇혀 있는 수년 동안 함께 있던 사람들이 안개처럼 사라져 죽어 갔다. 그런 상황에서 그는 그 끔찍한 수용소에서 낡은 면도날이나 심지어 유리 조각을 가지고도 새파랗게 면도를 하면서 삶의 희망을 붙잡았다. 그래서 살려 둘 가치가 있는 쓸모 있는 인간이라는 느낌을 수용소 관리자들에게 주어 계속 일하게 되었고 그의 생명은 연장되어 갔다. 빅터 프랭클은 공포스러운 수용소에서의 일을 작은 메모

장에 기록하고 있었다. 그가 쓴 『밤과 안개』라는 책을 보면 동료들이 영양실조로 죽어 가고 자살하고 반항하다가 사살당하는 것을 보면서 그는 사랑하는 아내를 생각하며 절망을 이겨냈다고 고백했다. 수용소로 끌려가기 직전에 결혼한 빅터 프랭클은 오직 사랑하는 아내를 다시 만나겠다는 희망적인 생각뿐이었다.

결국 그의 희망대로 제2차 세계대전이 끝날 때 살아서 나온 사람 중의 한 사람이 되었고 그의 저서는 많은 사람에게 감동을 주고 있다. 절대 절망에서 운명으로 받아들이지 않고 희망을 스캔하는 그의 의지가 기적을 가지고 온 것이다.

사명선언문

너희가 흠이 없고 순전하여……세상에서 그들 가운데 빛들로
나타내며 생명의 말씀을 밝혀 _빌 2:15-16_

1. 생명을 담겠습니다
만드는 책에 주님 주신 생명을 담겠습니다.
그 책으로 복음을 선포하겠습니다.

2. 말씀을 밝히겠습니다
생명의 근본은 말씀입니다.
말씀을 밝혀 성도와 교회의 성장을 돕겠습니다.

3. 빛이 되겠습니다
시대와 영혼의 어두움을 밝혀 주님 앞으로 이끄는
빛이 되는 책을 만들겠습니다.

4. 순전히 행하겠습니다
책을 만들고 전하는 일과 경영하는 일에 부끄러움이 없는
정직함으로 행하겠습니다.

5. 끝까지 전파하겠습니다
모든 사람에게, 땅 끝까지, 주님 오시는 그날까지
복음을 전하는 사명을 다하겠습니다.

서점 안내

광화문점 서울시 종로구 새문안로 69 구세군회관 1층
　　　　　　02)737-2288(T) 02)737-4623(F)

강남점　　서울시 서초구 신반포로 177 반포쇼핑타운 3동 2층
　　　　　　02)595-1211(T) 02)595-3549(F)

구로점　　서울시 구로구 시흥대로 577 3층
　　　　　　02)858-8744(T) 02)838-0653(F)

노원점　　서울시 노원구 동일로 1366 삼봉빌딩 지하 1층
　　　　　　02)938-7979(T) 02)3391-6169(F)

분당점　　경기도 성남시 분당구 황새울로 315 대현빌딩 3층
　　　　　　031)707-5566(T) 031)707-4999(F)

신촌점　　서울시 마포구 서강로 144 동인빌딩 8층
　　　　　　02)702-1411(T) 02)702-1131(F)

일산점　　경기도 고양시 일산서구 중앙로 1391 레이크타운 지하 1층
　　　　　　031)916-8787(T) 031)916-8788(F)

의정부점 경기도 의정부시 청사로47번길 12 성산타워 3층
　　　　　　031)845-0600(T) 031)852-6930(F)

인터넷서점 www.lifebook.co.kr